LEÓN KRAUZE

LA MESA

Historias de nuestra gente

PRÓLOGO POR JORGE RAMOS

HarperCollins *Español*

Publicado por HarperCollins Español® en Nashville, Tennessee, Estados Unidos de América.
HarperCollins Español es una marca registrada de HarperCollins Christian Publishing.

Editora en Jefe: *Graciela Lelli*
Edición: *Madeline Díaz*
Diseño: *Grupo Nivel Uno, Inc.*

ISBN: 978-0-71807-891-1

Impreso en Estados Unidos de América
16 17 18 19 20 DCI 6 5 4 3 2

Para Erika y sus ángeles:
Mateo, Alejandro y Santiago.

Contenido

CICATRICES DE LA DISTANCIA

RAÍCES EN UNA NUEVA TIERRA

Prólogo

....

LA MESA DE LEÓN

Cuando León me contó su idea, me pareció genial. «Voy a poner una mesa en la calle, dos sillas, y esperar a ver qué historias me cuentan», me dijo. El concepto era de una sencillez abrumadora. Sin embargo, la duda consistía en si ese experimento tan simple sería bueno para la televisión. Él no lo dudo ni por un instante.

Obviamente, León estaba en algo.

León es el conductor del noticiero de una de las estaciones de televisión más vistas de Estados Unidos, independientemente del idioma. Cuando la compañía encargada de medir los índices de audiencia hace sus análisis sobre qué es lo que están viendo los grupos que más le interesan a los anunciantes y a los partidos políticos, el Canal 34 de Los Ángeles invariablemente gana o está entre los primeros lugares. ¿Cómo lo logran? León y el departamento de noticias de KMEX (una estación afiliada a la cadena Univisión) conocen a su audiencia mejor que nadie, guían a sus televidentes en los temas que más les importan y, sobre todo, los oyen. Y mucho.

En pocos lugares del país existe una compenetración tan grande entre una estación de televisión y la comunidad a la que sirve. Sus reporteros son también líderes, y a muy pocos les parece que eso viole ninguna regla del periodismo. Al contrario, se trata de un periodismo comprometido. Es el periodismo como servicio: yo, un reportero, trabajo para ti. Pero el televidente también está involucrado.

Para miles, ver el noticiero del Canal 34 es casi una obligación a fin de sobrevivir: te dicen cómo maniobrar los escabrosos cambios de las leyes migratorias, cómo enviar a tus hijos a la universidad, cómo conseguir un seguro de salud y hasta dónde comer los mejores tacos al pastor y de cochinita pibil (acompañados de una buena agua de Jamaica). Por eso hay muchos televidentes que sienten que el 34 es «nuestro canal». Y tienen razón.

Los Ángeles es el centro de la ola latina y se nota. Va un paso adelante. Allí los latinos han pasado de los grandes números a ejercer en un segmento del poder. Eso es nuevo. Y el resto de Estados Unidos está copiando a Los Ángeles. Actualmente somos unos cincuenta y cinco millones de hispanos en este país, pero en unos treinta y cinco años más pasaremos de los cien millones. Uno de tres en este país será como nosotros. Los Ángeles ya sabe lo que se siente.

Y bueno, este es precisamente el contexto en el que aparece la mesa de León.

Le tocó poner la mesa en una de las metrópolis que mejor resumen a la humanidad en el siglo veintiuno. Una punta se dirige a México y América Latina, otra a Washington y Nueva York, una más a Asia, y la cuarta hacia Europa. Nada le es ajeno al Pueblo de Nuestra Señora la Reina de Los Ángeles de Porciúncula. Los Ángeles es el ombligo. Por eso, todos los que se han sentado ahí con León han estado antes sentados en otras partes del mundo. Así, nada parece provinciano. Cada historia es casi universal. Si le cambias el nombre y el lugar (y cierras los ojos), esos cuentos te podrían llevar a los rincones más inhóspitos del mundo.

No obstante, la realidad es que las historias que León ha escuchado en esa mesa son de los que se fueron. Alexis de Tocqueville tenía razón: los ricos y poderosos no se van al exilio. Sí, todos los invitados de León son de otro lado. Llegaron a esa mesa luego de dar muchas vueltas, vivir muchas tragedias, tocar muchas puertas y arriesgarlo todo. Y algunos lo perdieron todo. O casi todo, porque les quedó un poquito de aliento para contarlo.

En este libro vas a escuchar muchas voces. Sin embargo, parecería que la de León —el reportero, el escritor, el entrevistador, el gran escuchador— no está. Si sientes eso, detente y vuelve a leer el párrafo anterior. Te darás cuenta de que detrás de cada historia hay mil preguntas escondidas. ¿Cómo llegaste aquí? ¿Por qué? ¿A quién dejaste? ¿Qué sacrificaste? ¿Lo volverías a hacer? ¿Por qué no regresas? ¿Cómo te ha cambiado la vida? ¿Y ahora qué vas a hacer?

Mientras leo cada historia me voy imaginando las preguntas de León. Es un ejercicio divertido. Sus preguntas no están escritas, pero las escucho como si me las dijera al oído. Las respuestas —amplias, íntimas, únicas— me hablan al mismo tiempo del oficio del que pregunta. García Márquez decía que todos tenemos un león que cazar. León cazando león. Quienes lo hemos visto trabajar sabemos que cuando va de cacería periodística, pocas veces regresa sin la presa. Pero, en este caso no se trata de enfrentar al poderoso, sino de entender al que no tiene poder.

Estas son historias desenterradas por una mesa. Estuvieron a punto de quedarse atrapadas en una casa o una mente. Eran, quizás, historias familiares que solo se le cuentan a los más queridos. O secretos que no se le dicen ni a los más amados. Sin embargo, la televisión, hay que reconocerlo, tiene un atractivo fascinante. He escuchado en una pantalla los secretos más increíbles, esos que uno no reconoce ni siquiera frente al espejo. Se trata de la televisión como confesionario.

Así que León es el que guarda esos secretos. O más bien el que los recibe, los protege, los ordena y les da forma de libro (luego de pasarlos por la lavadora de la televisión). Algo extraordinario tiene que suceder para que un completo extraño se convierta de pronto en la persona que escucha la verdadera historia de tu vida.

¿Qué hace que alguien de repente vea una silla vacía frente a una mesa y decida sentarse a contarle todo a un periodista? Esa es la magia de la mesa de León. Se requiere de un talento muy especial para darle confianza a la gente a los pocos segundos de conocerla. Eso, generalmente, toma tiempo. Brindar confianza es un paquete completo, no basta con ser amable, y el lenguaje corporal tiene que ser preciso.

Hacer periodismo en televisión requiere, como en cualquier otro medio, un rigor profesional. Pero, tiene también su aspecto de «desempeño». No es actuación. Eso sería reaccionar falsamente ante la realidad. Implica estar consciente de que todo lo que haces está siendo grabado. Por eso, lo más difícil en la televisión es ser natural. En la mesa de León tienes la impresión de que los dos participantes no saben que los están grabando. Y, sin embargo, nada se le escapa a las cámaras.

Ahí, en esa mesa, Nélida cuenta cómo se fue de casa con absoluta determinación: «Es una de dos, o llego o no llego». En esa mesa Manuel nos explica lo que ha aprendido de la vida: «La clave es darse cuenta de que las cosas no se le dan a uno de forma automática». En esa mesa Ernestina aclara qué amor prefiere: «El dolor de perder el amor nunca se supera, pero yo no iba a dejar que mis hijos se murieran de hambre». En esa mesa Pablo cae en la nostalgia: «De pequeño fui pobre, pero muy feliz». En esa mesa Esteban nos dice qué tan grande fue su sacrificio: «No había tiempo para cansarse o enfermarse». En esa mesa Jessica se hizo la pregunta más difícil de su vida: «Muchas veces me pregunto si mi vida hubiera sido distinta si mi padre no hubiera sido deportado». En esa mesa Carmen recuerda cómo recibió de su hijo la mejor noticia de su vida: «Se me queda mirando y me dice: "Estoy aceptado a la universidad MIT"».

La mesa rompe esa distancia que impone la televisión. La televisión es unidireccional. Unos hablan y otros escuchan. Las redes sociales nos pueden dar la ilusión de un diálogo, pero al final de cuentas, los periodistas que trabajan en la televisión hablan mucho más de lo que escuchan. Por eso, la mesa es lo más cercano que tenemos a una verdadera democracia, donde todas las voces se oyen. Además, los roles se cambian: el que vive en silencio tiene por unos minutos la oportunidad de ser escuchado.

Muchos de los invitados a la mesa de León han sido invisibles. Llegaron sin documentos a Estados Unidos y han aprendido a esconderse y no hacer ruido. Ser visibles y hacerse sentir puede significar una pronta deportación. Su único interés es trabajar y mejorar la vida de su familia. Así que se requiere de un gran esfuerzo para salir de las sombras y reconocer ante miles de televidentes tu realidad. La mesa los hizo visibles, le puso cara y nombre a seres acostumbrados a vivir en el anonimato.

La televisión es un raro invento que exagera un pedazo de la realidad y lo presenta como si fuera su totalidad, pocas veces es revolucionaria, y suele tener como protagonistas a celebridades y famosos que garanticen índices de audiencias y ganancias. León se fue contra todos los estereotipos y el resultado es maravilloso. Él muestra un trozo de vida, tal cual es.

El experimento está tan bien hecho que a uno le dan ganas de caminar por una de esas calles de Los Ángeles donde León pone su mesita y tener de pronto la suerte de encontrar una silla vacía, un micrófono prendido y a un periodista con tiempo para escuchar.

León dedicó el tiempo para oír estas historias. Y ahora nos las presta. El peligro está en que muchas de esas historias nos van a perseguir toda la vida.

—**Jorge Ramos**

Introducción

....

LA HISTORIA DE LA MESA

Llegué a Los Ángeles a finales del 2011. Algunos años antes, por el 2005, tuve el privilegio de compartir un par de semanas con un hombre llamado Benavides Huaroco. Siendo originario de Cherán, Michoacán, Huaroco había echado raíces en el sur del estado de Alabama, hasta donde fui a encontrarlo para convivir con él y su familia durante varios días memorables. Un ejemplo de esfuerzo, este hombre había comenzado vendiendo tiliches en un mercado ambulante. Con el paso de los años llegó a tener dos o tres abarroterías con sendo número de camiones rodando repletos de mercancía entre Alabama y Florida. Acompañé a Huaroco a su trabajo, me senté a la mesa con los suyos, cargué a sus nietos, recé junto a sus hijos en su iglesia acostumbrada, los vi bailar a la usanza purépecha y me acomodé detrás del mostrador en la tienda San Francisco, escuchando el trajín cotidiano. Benavides me platicó de lo difícil que había sido dejar la tierra michoacana para buscar la vida en Estados Unidos. Me contó de aquellos primeros viajes llenos de experiencias amargas, pero también de los encuentros venturosos con buenos samaritanos que antes que rechazarlo le abrieron las puertas de la oportunidad. Lo escuché hablar de cada uno de sus hijos, los que conservan raíces mexicanas y los que ya prefieren los usos, costumbres y afectos de su país adoptivo. Mi anfitrión llevaba en el rostro las huellas de décadas de lucha, pero también la chispa de quien enfrenta la vida con audacia y una enorme dosis de alegría. Me demostró una sinceridad solo comparable a su ánimo generoso. Desde que me recogió en el aeropuerto en su camioneta, hasta que me dejó ahí de vuelta días después, Benavides no me dejó pagar ni un café en Waffle House. Fue un episodio privilegiado que, confieso sin exagerar, me cambió la vida.

Al llegar a Los Ángeles encontré un escenario propicio para retomar las lecciones de Alabama. Univisión tiene una relación singular con su audiencia. Como Jorge Ramos explica en su generoso prólogo a este libro, el público que nos ve cada noche espera un periodismo de excelencia, pero también una guía cotidiana. En Univisión, la tarea del periodista se amplía hasta terrenos que los puristas probablemente cuestionarían. Yo lo definiría como «periodismo de servicio», un periodismo comprometido no solo con la persecución de la nota, sino con el auxilio a una comunidad que muchas veces prende el televisor para encontrar compañía y consejo. En el fondo, se trata de una relación tanto intelectual como emotiva. Ese vínculo implica una confianza muy inusual. Cada vez que tengo el gusto de encontrarme con alguien que me reconoce, el intercambio siempre adquiere tintes familiares, casi íntimos. La gente pregunta por mis hijos como si quisieran saber qué ha pasado con esos sobrinos a los que hace tiempo no ven. Nunca he percibido en sus ojos esa admiración fría e insustancial que da la fama mediática. Lo que veo, en cambio, es algo muy parecido a la amistad.

Es en ese contexto que surgió el segmento de televisión llamado «La mesa». A principios del 2014, le sugerí a Marco Flores, director de noticias de Univisión Los Ángeles, que hiciéramos una sección dedicada única y exclusivamente a recoger las historias de nuestra gente. La idea era llevar una mesa plegable, plástica, informal, y montarla en algún sitio de la ciudad. Junto a la mesa, dos sillas del mismo material, igual de improvisadas y sencillas. Sobre la mesa, dos micrófonos. De pie, a una sana distancia para no romper la intimidad del intercambio, dos camarógrafos. Le agradezco a Marco que haya aceptado, porque lo que ocurrió resultó francamente mágico.

La primera vez que sacamos la mesa a pasear fuimos a dar a la muy tradicional Placita Olvera en el corazón del centro de Los Ángeles. Me senté a la sombra de un árbol de fronda espléndida e invité a mis primeros entrevistados a sentarse frente a mí. Tal y como esperaba, las voces se encontraron con naturalidad. Así conocí a Pablo, de Mascota, Jalisco. Un hombre de ojos verdes y mirada candorosa que me contó cuántas ganas tenía de ser ciudadano estadounidense, al mismo tiempo que lamentaba haberse perdido el funeral de su madre, que lo formó como un muchacho de bien. O a Ana Rosa, de Guadalajara, que me sorprendió con el desenlace de una vida llena de amor. Aquel fue el principio de una conversación que ha durado ya más de dieciocho meses.

Desde entonces, la mesa ha recorrido casi todo el sur de California. En Santa Ana encontré a Ernestina León, heroína guatemalteca que sacó adelante a sus hijos a pesar de una tragedia personal tan súbita como devastadora. En San Fernando me topé con Concepción, que sobrevivió a un padre alcohólico y un crimen de calibre bíblico. En la Plaza México de Lynwood a Idilio, un cubano alegre que ha tenido que aprender a vivir sin el amor de su vida. En Huntington Park escuché a Nélida y sus dos minúsculas gemelas, que nacieron prematuras, pero invencibles. En el centro de Los Ángeles conocí a Isaac, vestido de pies a cabeza de los Dodgers, un hombre de sonrisa franca y sobreviviente de polio. Me presentó a Kathy Lizeth, su novia, nacida en Queens. Su historia, conmovedora, también aparece en el libro. En Boyle Heights encontré a un trompetista maravilloso apodado «El Molka», que me platicó de su hijo, al que llama «el último suspiro». En el mercado La Paloma hallé a Don Manuel, un hombre de ochenta y cuatro años, risa contagiosa y una vida marcada por la nostalgia. Las historias de todos ellos y cuarenta personas más se encuentran en las siguientes páginas. Todos y cada uno de ellos firmaron la mesa de puño y letra. Sus nombres estarán ahí por siempre.

A lo largo de este libro, el lector encontrará un mosaico. Mi intención al retomar cada historia de *La mesa* y narrarla de nuevo en primera persona es concentrar la atención en lo que realmente importa en un ejercicio periodístico, y más en uno como este: el entrevistado. El periodista no tiene lugar en una conversación. Las preguntas no importan, porque solo sirven para toparse con una respuesta. Por eso, a pesar de la portada, el lector no me encontrará en estas páginas. Estas son las vidas de cincuenta personas que se sentaron a la mesa conmigo, a veces bajo un sol inclemente, a lo largo de año y medio.

¿Qué espero que descubra el lector de *La mesa*? Algo parecido a lo que, poco a poco, encontré yo a lo largo de meses y meses de conversación. Todas estas vidas tienen hilos en común, dramas que se refrendan, anhelos compartidos, motivos similares. Duele, por ejemplo, la repetición de la pobreza original. La enorme mayoría de estas historias no parten de la búsqueda del célebre sueño americano, sino de la supervivencia elemental: escapar de la precariedad más absoluta para encontrar, primero, un trabajo a fin de alimentar a los hijos, los hermanos y hasta los padres. En ese sentido, el libro cuenta también la historia del fracaso de nuestros países, que no lograron darle a estas personas (y, como ellas, a millones y millones más) la esperanza de una vida digna.

De la mano de la escasez está el anhelo de un país próspero, en el que todo, hasta lo más improbable, es posible. El lector encontrará aquí la disección del magnetismo aspiracional de Estados Unidos. La dinámica se repite: los que se van regresan vestidos con ropa y zapatos nuevos, autos del año, historias de dinero, trabajo y puertas abiertas. Los que se quedan los miran asombrados, ansiosos por ir a encontrar su oportunidad de progreso. No importa que a veces todo sea un espejismo. Lo que cuenta es la ilusión de una tierra distinta, donde la reinvención está al alcance de la mano. Después se da un milagro recurrente: a pesar de las inevitables dificultades, las restricciones legales y la persecución punitiva, muchos de estos emigrantes logran, a su manera, alcanzar ese improbable sueño de un mejor destino. A muchos les habrá costado sangre, ausencia y años de nostalgia, pero al final habrán echado raíces en la tierra nueva. Una auténtica odisea moderna.

Por desgracia, el lector también se topará con dinámicas sociales dolorosas. En muchas de estas historias hace falta la figura paterna. A veces el padre se ha ido con otra mujer, a veces se perdió en el alcohol o se ha dejado devorar por la violencia. El caso es que no está y ese vacío resulta también ineludible. Sin embargo, no por evidente es una sentencia. Del otro lado de la moneda familiar está siempre —y aquí sí puedo decir *siempre*— la figura titánica de las madres hispanas. Sobran aquí ejemplos de mujeres que contra viento, marea y angustiosa soledad pelearon por salvar a sus hijos de un destino triste, a veces fatal. Los detalles de esas batallas femeninas son muchas veces abrumadores. ¿Cómo hace una madre para dejar a sus hijos atrás por años, a veces por décadas? ¿Cómo hace para que el corazón no se le empequeñezca? La respuesta es un misterio, pero intuyo que todo comienza y termina con el afán más básico imaginable: la lucha constante por darle a los hijos una vida mejor a la que uno ha tenido. Ese sueño está detrás de todas las migraciones en la historia de la humanidad y es también lo que alienta a estos hombres y mujeres formidables que un buen día decidieron dejar la tierra de sus padres, abuelos y bisabuelos para buscar un nuevo horizonte. Un lugar donde la vida fuera posible, resultara mejor. Un lugar donde la vida fuera más que sobrevivir. Donde la vida fuera... vida.

Estas son sus historias.

Padres
ausentes

El último suspiro

«Tuve pistolas en la cabeza, cuchillos
cerca del cuerpo. Y claro, mujeres».

Fui a la frontera porque me avisaron que había muerto mi padre, y debía enterrarlo. Eso habrá sido por allá de 1975. Mi padre vivía en Tijuana desde años atrás. Nos abandonó cuando éramos muy chicos. Estuve más de dos décadas sin verlo.

Me crié haciendo carbón por los cerros, llevándolo en canasta sobre la espalda. Y aunque a veces no podía ni pararme del dolor, todos los días me levantaba e iba a trabajar. No había tiempo para el cansancio o la enfermedad. Era ir al trabajo o dejarse morir, y nosotros amábamos la vida demasiado como para dejarla en manos del hambre o la desidia. Y aun así, teníamos que comer puras tortillas.

Vivía con mi madre, mi abuela y dos hermanas. Mi padre se fue cuando éramos muy niños y yo me hice cargo del hogar. Desde chico me gustó andar de comediante. Hacía reír a todos en las escuelas del rancho. De niño quería ser actor, deseaba ser artista. Me atraía mucho ese mundo. Así, poco a poco, fui escogiendo esta profesión, que es noble y alegre.

El caso es que viajé a Tijuana para despedir y enterrar a mi padre. Estuve ahí solo frente a sus restos. Vi cómo lo bajaban a la tierra, le dije adiós y nunca más miré hacia atrás. Lo siguiente que hice fue intentar irme para Estados Unidos, pero me agarraron los de inmigración. Y aunque me les alcancé a encuerar, me cacharon. De vuelta en México me fui de regreso a Jalisco, donde había dejado a mi familia haciendo vida en el rancho. Al llegar les hablé del futuro. Les dije que más allá había otra vida, con oportunidades diferentes y emociones nuevas, Mis palabras los convencieron y me los llevé al norte. Estuve dos meses esperando y planeando la mejor manera de llegar a los Estados Unidos. Mientras tanto, en Tijuana, nació otro hijo mío. Hasta la fecha lo llamo «el último suspiro», porque eso fue: el último suspiro de mis años en México. Todos mis hijos son mexicanos, pero él fue el último.

Desde joven me dicen «El Molka», aunque mi nombre es Esteban Rodríguez. Nací en Cofradía de Duendes, del municipio de Tecolotlán, Jalisco. Soy músico casi desde que abrí los ojos. En 1965, un tío me integró al mariachi «Vidriera Guadalajara», en el que toqué la trompeta. Después salí de ese grupo y me fui para el mariachi «Zapopan», con el que toqué en todos los pueblos vecinos de Guadalajara. Poco a poco gané experiencia hasta que regresé a mi pueblo de Tecolotlán para sumarme al mariachi de Tiburcio Espinosa y Eusebio Ramírez. Lo siguiente que hice fue irme hasta Tijuana, donde pasaba el día mirando la frontera. Yo siempre supe que la vida estaba del otro lado, para mí y para todos los míos.

Lo primero que hice cuando llegué a San Diego fue conseguirme un trabajo en una herrería. Estuve cinco meses trabajando allí. Con todo y eso, el mariachi me seguía llamando. Al poco tiempo estaba de vuelta en Tijuana tocando la trompeta con el «Abajeño». La trompeta no es difícil. Y es que nada es difícil si lo estudias bien. Para ser un buen trompetista se necesita hacer la lucha, hinchar el pulmón, soltar el aire y hacerlo con mucho ánimo. Eso es lo que tiene uno que hacer y nada más. Y yo acepto que no fui bueno con la trompeta. Hay que hablar claro: aprendí las tres cuerdas con el mariachi, pero bueno, lo que se dice bueno, nunca fui. Eso sí, nada me impidió buscarme las tortillas junto a los muchachos. La música me ayudó a darle de comer a mis críos y mi señora... y a veces hasta a mí. Acá en California anduvimos por San José, San Francisco, Salinas y demás. Y siempre volvía a Tijuana, porque ahí estaban mis *ratones*: mi gente, mis hijos y mi mujer. Me tardé un poco en traerlos a todos para acá. En 1979 llegué a Los Ángeles y formé el mariachi «Los duendes de Jalisco» en honor a mi tierra. Luego le di vida a otro mariachi al que le puse «Tecolotlán». Ese grupo de chamacos y yo estuvimos juntos hasta hace diez años.

Acá en la plaza del mariachi de Boyle Heights estuvimos como tres décadas... una vida entera, caray. Acompañábamos a los artistas y trabajábamos por las cantinas. Andábamos por dondequiera. Eso es arriesgado, pero también muy bonito. Uno sufre golpes, se enfrenta con amenazas de todo tipo, a borrachos y sobrios, bravucones y cobardes. Nos peleamos varias veces. Pero luego eso sirve, porque uno puede hacer corridos basados en la experiencia. En Tecolotlán, cuando era chamaco, me agarré a trompadas con alguien e hice un corrido que todavía tengo grabado. Eso es lo que he estado haciendo durante los últimos años de mi vida. Me la he pasado grabando con varios mariachis, sobre todo con el «Gruyense», originario de El Gruyo, allá mismo en Jalisco. Yo los veo como si fueran mis hermanos. Hasta el día de hoy somos completamente inseparables. Y es que la vida de un mariachi tiene de todo. Yo tuve pistolas en la cabeza, cuchillos cerca del cuerpo. Y claro, mujeres. Hasta la fecha las sigo teniendo. A las mujeres les gustan los mariachis. O por lo menos les gustaba yo. A la mujer le atrae que uno la trate bien. Eso es todo. Si la tratas bien, eso es bonito. Es lo que les gusta a ellas.

Yo siempre he jugado limpio y sido amigo de mucha gente, hasta de mis hijos. Ellos llegaron a este país en 1980. Todos venían con coyote. Me acomodé a trabajar acá muy rápidamente, pero para mis chavos no fue tan fácil. Como habíamos vivido en varios lados, algunos se me andaban rodando, se me andaban haciendo malvivientes en este país. Sobre todo uno de ellos. Y aunque ahora soy pobre, estoy muy orgulloso también. Mi hijo, ese que era el que más trabajo me dio, hoy es sheriff. Otro es electricista. Otro, mi «último suspiro», el que nació en Tijuana, trabaja en una compañía de camiones. Mis hijas son maestras. Estoy muy orgulloso de todo ellos. Y también estoy cansado. Pero todavía tengo valor. Tengo doscientas canciones grabadas y las traigo en un iPod para que la gente las escuche. ¿No quiere usted oírlas? Ándele, póngase los audífonos.

Una casa en La Cuestita

«Que mis hijos sean americanos me da mucho gusto. Ellos nunca tendrán el problema que tuvimos nosotros».

Aquel era un destino inevitable para todos nosotros: sembrar para sobrevivir. Vivíamos de lo que la tierra nos daba., La vida era difícil, porque uno sembraba con la semilla que le prestaba la gente rica, así que a la hora de la cosecha ese mismo rico llegaba y se llevaba todo el producto. Nos dejaban muy poco y solo lo malo, lo pasado, lo podrido. Por eso y más es que la vida fue tan dura cuando estábamos chicos. Ya luego crecimos todos y nuestro camino tomó rumbos diferentes.

La Cuestita está muy cerca de la ciudad de Zamora, en Michoacán. Mi nombre es Luis Romero y poco a poco me acerco a los sesenta años de edad. Cuando yo era chico ocupábamos un rancho muy pequeño, pero muy bonito. Según recuerdo, aunque con una pobreza muy pesada, se vivía muy a gusto allí. Pasé en ese lugar toda mi juventud. En ese tiempo mi papá sufría mucho, padecía lo indecible. Siempre le dolía el estómago y lo aquejaba algo similar al asma. Fumaba mucho, tenía el vicio del cigarro, y se lamentaba por la tos todo el tiempo. Todavía recuerdo el ruido ese, una y otra vez, de día y de noche, mi padre tosiendo. Al final eso lo debilitó y lo desanimó. Fueron sus hermanos mayores quienes lo apoyaron para que sacara adelante a su familia. Nos ayudaron a crecer a mí, mis siete hermanos y tres hermanas. Fuimos once de familia, de todas las edades imaginables. Muchas bocas que alimentar, y más para una familia que solo vivía de trabajar la tierra. Mi familia siempre ha sido de campesinos. Ese era el oficio de mis abuelos, quienes se lo enseñaron a mis padres y ellos a nosotros. Lo nuestro es amar y arar la tierra.

Vine de México para acá en 1981, hace ya treinta y cuatro años. Yo tenía entonces veintidós años. El primero en hacer el viaje al norte fue uno de mis hermanos. Como casi siempre pasa después de que alguien viene a abrir brecha, varios de los demás fuimos llegando uno por uno. Ahora ya seis de los hermanos estamos acá. Solo el mayor se quedó en Michoacán. Mi mamá también está allá. Mi padre se nos fue hace muchos años. Durante un buen tiempo mi mamá estuvo yendo y viniendo. Yo le arreglé sus papeles después de que me hice ciudadano. Y así estuvo ella, de aquí para allá, con un pie en cada país. Por desgracia, ahora se nos enfermó. Está muy acabada, en su silla de ruedas, así que ya no puede venir a los Estados Unidos.

Simplemente ya no aguanta el viaje, sería demasiado para ella. Sin embargo, mientras pudo, siempre se dio su vuelta para visitar a sus nietos. No recuerdo ya ni cuántos nietos tiene, pues son muchísimos. Ahora me toca a mí ir a verla. Voy cada año, religiosamente.

Cuando llegué acá lo primero que hice fue dedicarme a trabajar. Primero estuve en un restaurante, luego en una fábrica de madera, luego en una empresa de luces y lámparas. Hacíamos de todo en esa compañía: alumbrados de cualquier tipo, luces para los centros comerciales, de todo. Ahí trabajé como por treinta años. Más o menos aprendí a hablar el idioma. Me defiendo con mi inglés todo entrecortado. Luego también formé una familia. Mi señora y yo tenemos cinco hijos. A ella la conocí allá en mi mismo pueblo en Michoacán. Después de que vine para acá, la traje a ella también.

Mis cinco hijos nacieron en este país, todos son ciudadanos. Que mis hijos sean estadounidenses me da mucho gusto. Ellos nunca tendrán el problema que tuvimos nosotros, los que necesitamos cruzar de ilegales. Ellos son libres, pueden estar aquí o allá, y muy tranquilos. Pueden hacer de su vida lo que quieran, sin tener que mirar hacia atrás, sin el miedo de que alguien les corte las alas. Tienen la doble nacionalidad. Yo pienso que ellos han podido vivir una vida mejor que la nuestra. Quiero creer que en el corazón se sienten igualmente mexicanos y estadounidenses. Les gusta mucho estar allá también. Van cada año. Por ejemplo: si juega México contra Estados Unidos en el fútbol, ellos me dicen que le van a México. Eso sí, los nietos son otra historia. Tengo un nieto pequeño al que le pregunto: «¿A quién le vas tú?». Creo que me va a asegurar que a México, pero me dice: «Al Real Madrid». Se evita los problemas el niño. La camiseta que le gusta es la de Cristiano Ronaldo. Yo pienso que está chiquillo todavía.

La verdad es que no tengo de qué quejarme. Dios me ha ayudado en todo y he logrado salir adelante. A lo mejor me ha ofrecido lo que me he merecido y no me quejo. Me siento satisfecho con lo que me ha dado. Eso sí, tengo sueños todavía, sueños para el bien de mis hijos. Lo que más quisiera es terminar una casa que tengo en México y es para ellos. Por si un día de estos se quieren ir para allá. Terminar esa casa a fin de que la disfruten es mi sueño. Aunque no creo que ninguno de mis hijos quisiera irse para México a vivir. En cuanto a mí, ya me pensaba retirar e irme para mi tierra. Eso quisiera, de verdad. Tengo en mi pensamiento volver a México, si es que Dios me da licencia. Cuando ya esté más viejo me quiero retirar allá, cerca de donde crecí, con el olor del campo que araron mis padres y mis abuelos. Quiero vivir los años que mi padre no tuvo. Y respirar siempre en paz.

Morir de alcohol

··

«Fue un pleito callejero. Mi padre se cruzó con algunas malas personas que lo golpearon».

Mi nombre es María Eva Martínez. Soy la segunda de nueve hijos. Nací en Guadalajara, Jalisco, pero crecí en Sonora, a donde nos mudamos cuando yo tenía cinco años. Mi padre se dedicaba a la construcción. Mi madre tuvo una educación muy limitada, pero fue una mujer de mucho batallar. La vida la obligó a trabajar en muchas cosas, a tener diversos oficios.

La aventura de nuestra familia comenzó cuando mis padres decidieron dejar Jalisco para mudarse a Sonora. Desgraciadamente, aunque cambió el lugar *donde* vivíamos, la manera *cómo* vivíamos no cambió. Mi padre siempre fue maestro de obras y lo hizo con mucha honestidad. Pero sufrió porque tenía un problema grave con la bebida. Tomaba mucho, y por eso pasamos por graves restricciones de dinero. Y no es que mi papá no ganara suficiente, lo que pasaba era que se gastaba en alcohol todo lo que llevaba a la casa. Ante esas dificultades, a mi madre no le quedó más remedio que buscarse pequeños trabajos. Yo la recuerdo haciendo chambas de costura en la casa, todo para ayudar a la familia. A los pocos años, mi familia dejó Sonora para tratar de echar raíces en Tijuana. Mi padre iba con la idea de solo vivir ahí un tiempo, ganar algo de dinero y luego volver a Sonora, donde habíamos dejado a algunos de mis hermanos más chicos. Pero la suerte nos tenía preparado un destino muy diferente. Sucedió una tragedia que lo cambió todo. Fue un pleito callejero. Mi padre se cruzó con algunas malas personas que lo golpearon. Lo dejaron muy mal herido y necesitando atención médica urgente. Para nuestra desgracia, la situación por la que atravesábamos entonces era muy difícil: no teníamos dinero para ofrecerle el cuidado que le hacía falta. Hoy me doy cuenta de que su muerte pudo haberse evitado, pero como no tuvimos recursos suficientes, mi papá se nos murió. Y su fallecimiento dio una vuelta completa a todos nuestros planes.

En un principio nos habíamos mudado a Tijuana solo mis padres, mi hermana y yo. El resto de mis hermanos se habían quedado en Sonora. Después de que murió mi padre, mi madre quiso ir por ellos y llevarlos a Tijuana. Fue una decisión muy valiente y arriesgada para una mujer sola. Yo por ese entonces tenía ya diecinueve años y me consideraba toda una señorita. Quizá por la edad asumí que tenía una gran responsabilidad con mi familia, así que decidí venir a vivir a los Estados Unidos. Tenía esperanzas de que la vida acá fuera mucho mejor. Pensé que encontraría un trabajo bien pagado para apoyar a mis hermanos que estudiaban. Sentí la necesidad de apoyar a mi mamá, que tuvo que aceptar un empleo en un restaurante apenas murió mi padre. Me cuesta trabajo pensar lo que habrá sido para ella darse cuenta de que tenía que cuidar a tantos hijos sin la presencia de su esposo, de nuestro padre. Debe haber sido un momento de mucha desesperación. Por eso es que me decidí a ayudarla con mi propio esfuerzo.

Una amiga me invitó a venir a los Estados Unidos y no lo dudé ni un segundo. Los primeros años acá fueron difíciles. No sabía nada del idioma y eso complicaba todo. Aparte, uno piensa que viene a trabajar y a ganar más dinero, pero no cuenta con los gastos. Me acuerdo de lo mucho que me impresionó lo que costaba la renta. Tuve la suerte de que me resultara fácil encontrar chamba, eso sí. El primer empleo que tuve fue en una fábrica de muebles. Cosía partes de los sofás y otros muebles. Y así fui ganando algo de dinero, siempre juntando para mandarle a mi mamá y quedándome solo con lo necesario para mí. Fueron años de mucha batalla y soledad también. Otra ventaja que tuve es que no pasó mucho tiempo antes de poder ver a mi mamá de nuevo. Como nosotros vivíamos en Tijuana, teníamos un pasaporte que le llamaban «local» y nos permitía ir y venir sin mucho problema. Mi mamá aprovechó ese pasaporte y vino a verme.

Yo trataba de no salir mucho a México, porque luego se complicaba pedir un nuevo permiso. Precisaba demostrar que tenía un trabajo estable, y en ese entonces no era tan sencillo. Esa imposibilidad de viajar a México me llegó a pesar mucho. Me sentía muy sola. La televisión y la radio eran de las pocas cosas que me ayudaban a mantener la cordura. Me parecía que estaba acompañada al escuchar hablar español, y eso me daba cierto consuelo. Me sentía en contacto con lo mío, con mi cultura. Después ya tuve la fortuna de conocer al hombre con el que me casé.

Él es de Guadalajara también. Tenemos cinco hijos, todos nacidos en los Estados Unidos. Mis hijos se sienten más estadounidenses que mexicanos. De igual forma sienten que son de allá, pero México lo ven muy lejos. Uno quisiera que no fuera así, pero esos muchachos han crecido aquí y eso es lo que llevan en el corazón. Me pesa un poco reconocerlo, a decir verdad. Me duele porque me gustaría poderles comunicar mejor lo que es México, pero no me quita el sueño porque también veo que ellos tienen una vida muy realizada, mejor que la que tuvimos nosotros. Todos los días percibo la diferencia con la gente que se quedó en México. Por ejemplo, al compararme con algunas amigas mías que están allá y no tuvieron la decisión ni la fuerza de venir a buscar la aventura. A ellas las veo más resignadas a vivir con limitaciones. Por eso creo que valió la pena venir para acá.

Yo considero la vida de otra manera, le exijo a la vida de otra manera, la enfrento con mucha más esperanza. Por eso lo digo con toda claridad: si tuviera que volver a vivir todo, si tuviera que volver a sufrir todo lo que sufrí, lo volvería a hacer. La decisión de venir a los Estados Unidos fue la mejor de mi vida. Le tengo mucho cariño a este país. Y agradecimiento también. Pienso que este país es un país bendito. Y aunque suena raro, yo no quisiera regresar a México nunca. Mucha gente quisiera regresar al lugar de donde vino, pero yo no. Me gustaría vivir mis últimos días justo aquí. Allá hay muchos recuerdos, hasta de la muerte, Y a los muertos hay que dejarlos descansar.

Muerte entre hermanos

··

«Mi padre nunca se esforzó realmente. Su trabajo
fue ponernos a trabajar a todos los demás».

Mi nombre es Concepción, pero me llaman Conchita.
Soy de Mexticacán, Jalisco, justo entre Guadalajara y Aguasca-
lientes.

Mi infancia no resultó nada fácil. Mi madre fue una gran
señora, muy trabajadora y siempre digna. Desgraciadamente,
tuve un padre alcohólico que nos frustró la vida, la mía y la
de mis hermanos. Nuestra situación fue muy triste. Muchas
veces me pregunto por qué mi padre era como era. Y creo que
se debió a que siempre se mantuvo alejado del Creador. No
conoció a Dios, y tal cosa influyó mucho. Él hizo mucha falta
en nuestro hogar. Donde yo crecí, Dios simplemente no tenía
cabida. Su sitio, en cambio, lo ocupó la ira y la violencia. Mi

padre nos daba golpes y nos gritaba. Y lo hacía sin motivo y sin pausa. Así crecimos, abrumados por el miedo y el trauma. Tuve diez hermanos y tres hermanas, y a todos nos trató igual. Mi padre nunca se esforzó realmente. Su trabajo fue ponernos a trabajar a todos los demás. Y eso fue lo que hicimos. Desde muy chicos aprendimos a sudar, a laborar en lo que se pudiera para llevar algo a casa. Mis hermanos ordeñaban vacas y nosotras hacíamos quesos. Íbamos al pueblo a venderlos y arriábamos los víveres de vuelta al rancho. Así nos manteníamos, desde el más chico hasta el más grande. Cuando llegaba la noche, el sueño nos vencía casi de inmediato. Hasta los huesos pesaban del cansancio.

Mi madre murió hace dos años apenas, pero el final de mi padre fue muy diferente. Él tenía un dicho que nos repetía mucho: «El que a los treinta no hace, a los cuarenta no espera, a los cincuenta caduca y a los sesenta se muere». Y así mismo ocurrió, murió a los cincuenta y nueve años de edad. Mi padre vivió y murió siguiendo ese dicho. Fue implacable hasta en su manera de morir. Su familia es el único legado que dejó. Tengo cinco hermanos más grandes que eran muy violentos y cinco hermanos más chicos que eran muy amorosos. Ver a mis hermanos chiquitos me llenaba de felicidad. Yo los cuidaba. De los otros hermanos prefiero no hablar mucho. En aquel tiempo me dedicaba a proteger a los pequeños, porque los mayores podían ser muy crueles con nosotros. Les hacía su desayuno, los atendía... eran mis cinco hermanitos adorados. Ellos fueron mi única alegría. El resto prefiero de verdad no recordarlo. Hay cosas ahí que es mejor dejar enterradas. Mi hermano más grande me apodaba «la mongolita» debido a que yo era la más trabajadora de todos. «Ahí va la mongolita», decía mi hermano. Y mi padre le contestaba que yo era la más fiera de la familia. Ambos se me quedaban mirando y yo ahí, frente a ellos, en silencio, pero con el alma en llamas. Eran momentos muy complicados; fueron *años* muy complicados, realmente.

Llegué a los Estados Unidos porque me casé. Dios movió los hilos de la vida y me mandó a mi marido para que me sacara de Mexticacán. Vine para acá apenas ocho días después de casarme. Me fui huyendo de aquel enorme problema, porque vivir en una casa donde uno recibe solo maltrato es frustrante y doloroso. Lo único que uno quiere es escapar. No importa cómo. Lo que uno busca es irse para siempre de ahí. Me acuerdo muy bien del momento en el que nos comenzamos a alejar del pueblo en el camión. Tuve el deseo de nunca más regresar. Una voz que nacía desde adentro de mí quería gritar de gusto, pero había otra que necesitaba llorar y llorar. Pensé en mi mamá, tan bonita que era. Y a la distancia quise prometerle que volvería, aunque fuera dos o tres veces en la vida. Pero, nunca volví. Jamás regresé a verla.

Y no pienso hacerlo ahora, mucho menos cuando ella ya no está. Si voy es porque tengo un hermano preso en México, mi hermano más querido. Eso fue muy triste. Él está preso porque mató a otro de mis hermanos. Es terrible decirlo, pero ese era el único desenlace posible para mi familia. Cuando la violencia está por todos lados, termina por consumirlo todo. Es como un incendio de maleza: no se detiene jamás. Y así pasó con mi familia, que era tan violenta. Los hombres de la casa no se sabían tolerar. No se sabían aguantar, porque mi padre no supo educarlos. Peleaba contra ellos, los intimidaba con navajas. A mí me llegó a amenazar con una pistola. Pura violencia. Y aunque yo sabía que no me iba a disparar, la verdad es que me daba mucho miedo. ¡Y es que una no estaba segura de lo que podía pasar! Estaba siempre borracho y en cualquier momento se le podía escapar un tiro. Mi hermano está hoy en Puente Grande, culpable de esa muerte, un asesinato que además fue muy cruel. Y me duele mucho pensar en él, porque siempre fue mi hermano consentido, casi mi cómplice. Hoy está preso y no tiene para cuándo salir. Me imagino que nunca más podrá estar libre. Tendrá que vivir encerrado, con el cargo de conciencia de haber matado a su propio hermano, a su sangre. Una tragedia para él y para todos. Cuando pienso en todo esto, en toda esta vida, llego a la conclusión de que nos hizo falta la mano de Dios. A todos nos hizo falta. Mis padres murieron y dejaron tras de sí ese vacío. Pero con todo y eso yo he tratado de perdonar a mi padre. Y pienso que lo he logrado. Ahora quisiera que se encontrara con Dios, aunque sea después de la muerte.

En estos últimos tiempos acá en los Estados Unidos he puesto todo mi empeño en hacer crecer mi pequeño negocio. Tengo doce años atendiendo un local de raspados en San Fernando. Empecé a hacerlos para mis cuatro hijos. Se los preparaba y a ellos les gustaban mucho. Después la gente comenzó a decirme que estaban muy buenos y me animé. Mi suegro me ayudó mucho, y ahora dedico mi vida a endulzarle la tarde a la gente. Me gusta ver a las personas sonreír. Además, mi negocio me permite estar cerca de mi familia, sobre todo de mis hijos. He querido enseñarles a trabajar. Ponerlos a hacer mandados, que crezcan juntos y en armonía. Siempre he deseado darles una educación distinta a la que yo tuve, empezando por acercarlos a Dios. Los trato con amor, aunque a veces siento que algo que traigo dentro quiere salir. A veces me descubro reclamando a gritos, perdiendo los estribos. Abro los ojos y me doy cuenta de que soy presa de ese estilo brusco con el que crecí. Es como una sombra que tiene hambre. La tengo muy dentro de mí y a veces se despierta. No puedo evitarlo. Simplemente no puedo.

La limpieza

«Limpiar oficinas y baños no es lo que un
hispano aspira a enseñarle a sus hijos».

Pasé mi infancia en Miami luego de nacer en el barrio de Queens en Nueva York, donde estuve solo unos meses. Me llamo Kathy Elisa Bolívar, y soy hija de una mujer colombiana, de Medellín, y de un hombre también de ese país, de Cali. Ambos llegaron a Estados Unidos gracias a mis abuelos, que vivían ya aquí y lograron traerlos ya con papeles. Fui hija única. Mi infancia y mi adolescencia transcurrieron en Miami. Lo que recuerdo de aquellos años es el tremendo esfuerzo de mis padres.

Cuando llegaron a Estados Unidos imaginaron que la vida sería más sencilla aquí. Supongo que nunca calcularon la exigencia enorme que les representaría sacar adelante a una familia. Trabajaban de sol a sol. Por las noches limpiaban oficinas juntos, mientras que por las mañanas mi padre manejaba camiones para una compañía de repostería. Mi madre y yo íbamos a la escuela mientras mi padre manejaba. Ninguno de los tres conoció jamás lo que es el descanso. Al contrario, siempre estábamos esforzándonos, en medio de un trajín diario y excesivo. Y eso lo sé muy bien, porque lo vi con mis propios ojos. Muchas veces me llevaban con ellos por las noches a su trabajo de limpieza. No había nadie que me cuidara, así que me arropaban y me llevaban a hacerles compañía prácticamente la noche entera. Como niña era hasta divertido: compartía tiempo con mis padres y sentía que realmente les ayudaba. Me acuerdo que mi tarea era sacar las bolsas de basura de los cubículos. Para mí era muy entretenido. Los años me han dado otra perspectiva. Ahora que lo pienso me doy cuenta de que todo aquello era muy triste. Ellos de verdad tenían la esperanza de que la vida no fuera tan complicada como lo había sido en Colombia. Y llegar a limpiar oficinas y baños no es lo que un hispano aspira a enseñarle a sus hijos. Pero con todo y eso, al día de hoy concluyo que a mí me sirvió de mucho vivir esas dificultades. Aprendí que no importa el trabajo que uno tenga, como se dice en Colombia «el que es berraco, es berraco». ¡Uno sale adelante! Hay que ser siempre valiente para no dejarse abusar por nadie. Al final, sin embargo, el enorme esfuerzo de todos los días tuvo un costo muy alto para nosotros. Nuestra vida en familia duró solo algunos años más.

Un mal día, mi padre simplemente desapareció de nuestro lado. Desde que tenía siete años no he sabido nada de él. No conozco bien la historia, pero supongo que mi papá tenía cerca a otra persona y mi mamá se dio cuenta. Recuerdo que había muchas peleas en la casa. La relación entre ellos se enfrió; de pronto todo se hundió en un silencio muy oscuro. Y me acuerdo que fui yo quien le dijo a mi madre que ya había sido suficiente. La tensión era demasiada y le dije que mi padre debía irse. Ahí fue cuando ella cayó en cuenta de que yo tenía razón. Tuvo que escoger entre mi padre y yo, y terminó escogiéndome a mí. Las dos seguimos adelante, aunque nos doliera. Con el paso del tiempo, mi padre se volvió a casar, pero ya no volvimos a saber de él. Nunca he entendido si se debió a que ya no quería saber nada de mí o la esposa nueva le prohibió entrar en contacto conmigo de nuevo. Lo único cierto es que mi padre se esfumó de mi vida.

Después de que mi madre y yo nos quedamos solas, seguí estudiando. Tristemente no terminé el bachillerato. Lo que sucedió fue que mi mamá era una persona muy fuerte y yo también tengo mi carácter. Chocamos mucho, así que a los diecisiete años de edad abandoné mi casa. Pasé un tiempo muy difícil, viviendo en las calles. Corrí peligros que no debí haber corrido. Fui una persona irresponsable en muchos sentidos. Después tuve la suerte de conocer a alguien y me aferré a él. Cuando uno tiene otra vez un lugar donde dormir, con una persona que procura nuestro bienestar, pues no la deja ir ya más. Pero aquello no era amor. Era un consuelo, nada más. Aun así tuve dos hijas con ese hombre. Hoy ellas están en Miami con mi mamá, con la que me reconcilié al pasar los años. Y eso fue una bendición, ya que precisé irme de la Florida por una muy mala experiencia con una pareja que tuve después de separarme del padre de mis hijas. Vine para San Diego por seguridad. Él era una persona muy abusiva y yo opté por protegerme. Superé esa etapa viniendo a vivir a California, muy lejos de él.

Acá traté de hacer una vida nueva. A esa edad ya era difícil empezar de cero, pero decidí que lo iba a intentar.

Mi primera ilusión fue volver a estudiar, pero muy pronto me di cuenta de que las cosas eran muy diferentes en California. Había oportunidades, aunque muchas menos de las que yo había imaginado. Durante varios meses me costó trabajo encontrar mi rumbo, pero luego gracias a Dios conocí a mi esposo. Tenía menos de medio año de haber llegado a San Diego cuando me lo topé. Él ha sido mi ángel. Yo estaba perdida y confundida y él me ayudó mucho. Tenemos una relación muy bella. Los dos nos hemos ayudado a salir adelante. Él tiene una discapacidad. Está en silla de ruedas prácticamente desde que era un niño. Sin embargo, eso no lo ha detenido. A pesar de que tiene una vida muy difícil, nunca se da por vencido. Hay veces que siento que ya no doy más, pero entonces lo miro y siempre está sonriendo. Y es entonces que pienso que si él sigue, si él puede, yo también debo poder. Me gusta pensar que yo también le doy aliento. Cuando él desfallece, lo insto a que trate de hacerlo de otra manera. Porque de que se puede, se puede. En estos últimos años me he dedicado a estudiar. Ahora estoy aprendiendo a ser intérprete de sordomudos. Me gusta ayudar a la gente a comunicarse. Mi manera de pensar es que todos nacimos de un papá y una mamá, pero no nacimos atados a ellos. Nosotros tenemos que llegar a una edad donde enfrentemos nuestras dificultades, experimentemos nuestros errores, vivamos nuestros sueños. Ellos no pueden hacer nada de eso por nosotros. Ni tampoco les corresponde hacerlo. A mí me faltó un papá y a veces pienso que hubiera sido lindo tenerlo a mi lado para compartir mi matrimonio y mi alegría. Pero, no estuvo, no está y no estará en mi vida. Y aun así seguimos adelante...

Él no tenía la culpa

«Era un hombre casado y no quería que nadie se enterara de que había tenido un romance con una muchacha de Durango, muy jovencita y bella».

Mi nombre es Denisse Sánchez. Soy de San Diego, pero viví toda la primera parte de mi vida en Tijuana, Baja California. Cuando era niñita mi mamá, que era ilegal, fue detenida por inmigración y posteriormente deportada. De un día para otro nos encontramos de vuelta en México, en una zona muy brava de Tijuana. Para mi mamá fue muy difícil descubrirse lejos de lo que conocía, pero logró sacarnos adelante, a mí y mis tres hermanos.

Mi mamá toda su vida fue mesera. Tuvo ese empleo en los Estados Unidos, en Tijuana y cuando regresamos para acá también. Lo que ocurre es que ella no tuvo ninguna educación. Vino a otro país siendo todavía muy jovencita. Ella es originaria de Durango, y según me ha contado se unió a un grupo de amigos que prácticamente llegó caminando hasta la frontera. Todos querían tener una mejor vida en el norte. Mi madre tiene hoy ochenta y dos años de edad. Lo que hizo fue muy aventurado, sobre todo porque dejó allá a otros dos hijos que había tenido en Durango siendo apenas una adolescente. Cuando llegó a los Estados Unidos debe haber tenido cuando mucho diecisiete años. Nació en 1933, así que esto debe haber ocurrido empezando la década de los cincuenta. Así fue su vida: una muchachita de Durango que se vino a la aventura, muy adelantada a su tiempo y hasta a las costumbres de su tierra. Y gracias a esas cualidades suyas es que todos estamos vivos. Así de fácil y claro.

A mi papá lo conoció en el camino rumbo a la frontera. En Tijuana conoció al padre de mis dos hermanos más chicos. ¡Tuvo hijos con tres hombres! Yo tuve la suerte de nacer en San Diego, porque mi mamá encontró a una amiga que le dio un lugar donde vivir y así fue que consiguió quedarse para que viera la luz en este país. Nunca supe a ciencia cierta quién fue mi papá. Lo que ella cuenta es que mi padre era un arquitecto en Mexicali o en Tecate. El señor era casado, así que mi mamá tuvo mucho miedo de que me fuera a llevar con él, que me fuera a robar. Y entonces decidió que era mejor esconderse en Tijuana. Se cambió de dirección para escabullirse. Parece que mi padre quería tener injerencia directa en la vida de nosotras y mi mamá se asustó. Pienso que eso le sucedió porque no fue a la escuela. A lo mejor las intenciones de mi papá no eran tan malas, pero ella así lo interpretó. No quiso saber nada de él, ni tener contacto alguno.

Después de que nos deportaron me puse a estudiar en Tijuana. Recuerdo que adoraba ese lugar. A pesar de que era una ciudad complicada y a veces violenta, la quería mucho y la sigo queriendo. Lo mismo a México, que también lo siento como mi país. Gracias a ciertas amistades de mi mamá pude ir a estudiar a una escuela privada, católica. Me dieron una beca. Lo mismo pasó con mi hermana. A veces todavía sueño con esos días. Por las noches me vienen a la mente los recuerdos de esos años. Fui muy feliz. A pesar de que la vida en Tijuana nunca nos trató mal, mi madre decidió emigrar a los Estados Unidos y las cosas cambiaron. Habré tenido dieciocho o diecinueve años cuando aquello sucedió. Mi mamá pensó que lo mejor era aprovechar que yo era ciudadana americana y venirnos a radicar a este país. La economía pintaba mejor y parecía que tendríamos más oportunidades de progresar. Para entonces yo ya estaba casada.

La verdad es que contraje matrimonio demasiado joven, pero así se dieron las cosas. No me puedo quejar de cómo ha sido mi vida acá. Al principio estaba un poco perdida porque no sabía qué hacer. Trabajé en una fábrica y luego de mesera como lo había hecho mi mamá muchos años antes. Después aproveché cierta preparación de secretaria que había recibido en Tijuana y pasé un curso en una escuela especializada. Ahora ya tengo treinta y cinco años de trabajar como secretaria legal y no puedo andar lloriqueando, porque la verdad es que no me hace falta nada. Tengo tres hijos, todos nacidos acá. Les encanta México. Ellos han tenido experiencias que yo nunca tuve. Por ejemplo, pudieron ir con mi mamá a Durango, a su tierra. Vieron a mi abuelita, al resto de la familia. Me dicen que fue un momento muy especial. Yo nunca pude disfrutar eso. Y no es que no pudiera viajar, pues legalmente puedo ir a donde quiera, ya que soy ciudadana desde el momento en que nací. Lo que pasa es que jamás pude darme ese tipo de gustos debido a que siempre estuve trabajando. Cuando mi esposo y yo nos divorciamos, me convertí en el único sostén de mis tres hijos. Primero crecí sin un padre y luego tuve que jugar ambos papeles para mis hijos. Así es la vida. El caso es que la enorme responsabilidad que tal cosa representó me impidió cualquier huequito para la diversión, y mucho menos para un viaje como ese. Pero me da gusto que mis hijos sí lo hayan podido hacer.

La historia de mi separación es triste, pero breve. Mi marido se fue y no hay mucho más que decir. Es una de esas historias en las que el hombre no muestra mucho interés. Se quedó en San Diego e hizo otra vida. Supe que se casó. Creo que ya no tuvo más hijos, pero la verdad es que no lo sé con seguridad. Mis hijos lo buscan de vez en cuando y lo han visto, pero no tuvo una presencia en nuestras vidas. La historia de mi esposo es lamentable. De joven se metió a vender drogas en México. En una de esas fue a dar a la cárcel, y ya cuando salió las cosas se habían deteriorado. Me di cuenta de que la vida que él llevaba no era el tipo de vida que yo quería para mis hijos. Cometió errores y nos divorciamos, así de simple. Esa no era una vida para mis hijos ni para mí. No había de otra. Yo siempre tuve claro que no es admisible tener a un padre en un negocio tan peligroso. Yo no quería estar involucrada en algo así. También es cierto que nos casamos muy jóvenes: yo tenía diecisiete años y él diecinueve, ambos completamente inexpertos.

Creo que a él se le hizo fácil. No era un hombre de esos que trabajan fuerte para sacar adelante a su familia, de esos que tienen la mejor ambición de ser el cimiento de su casa. Él quería un camino más sencillo. Creo que en un momento dado se le acercaron personas que le vendieron una idea equivocada: «Ándale, vamos a hacer esto, es fácil». Y le costó su familia. Para mí, la lección está clara. Si uno se equivoca en momentos cruciales, los costos pueden ser muy grandes.

Pienso, por ejemplo, en lo que pasó entre mi mamá y mi padre. Últimamente lo he tenido muy presente. Imagino que ya debe haber muerto. Siendo más joven no tuve el deseo de buscarlo. Pensaba que si él no se había interesado por mí, pues yo tampoco lo iba a buscar. Pero, con el paso de los años me enteré de cómo fueron las cosas y sentí ganas de encontrarlo, de verlo. Hasta tengo un tío que me mandó un directorio telefónico para que intentara localizarlo. Su apellido es Cabrera. Por desgracia, hay mucha gente con ese apellido en Mexicali. ¡El directorio mostraba una persona tras otra y luego más con ese nombre! Eran tantas que la búsqueda no me llevó a ningún lado. Hoy por hoy, no le guardo rencor a mi padre, al contrario. Me hubiera gustado abrazarlo. Probablemente él también atravesó una circunstancia difícil: era un hombre casado y no quería que nadie se enterara de que había tenido un romance con una muchacha de Durango, muy jovencita y bella. Porque mi mamá es hermosísima, muy guapa, y de joven fue mucho más bella. A mi padre me hubiera gustado abrazarlo. Darle un beso. ¿Por qué no? Él no tiene culpa. Ni yo tampoco. Ni mi madre, tan inocente y jovencita. Fue el vaivén de la vida, nada más.

El corrido de Salvador y Martín Muñoz

«Allá en el pueblo lo mató un supuesto policía».

Fuimos cuatro hermanas, siempre muy unidas. Mi nombre es Lucía Rodríguez. Soy originaria de un pueblo que se llama Nochistlán de Mejía, en Zacatecas. Mis padres se conocieron en el pueblo y ahí mismo se casaron. Se querían mucho y eran muy cercanos, pero tenían un arreglo que debe haber sido difícil para ellos: mi papá pasaba buena parte del año en Estados Unidos y luego iba a vernos a México. Era un enorme sacrificio para él, pero lo hacía por nosotras. Estaba radicado acá en el norte y trabajaba para su familia, que vivía en México.

Mi padre era un hombre muy bueno y simpático. No pasaba mucho tiempo con nosotras, pero cuando estaba ahí de verdad se comportaba de forma ejemplar. Lo queríamos mucho. Es curioso, pero los momentos en que él se iba no forman parte de mis recuerdos. Lo único que guardo en la memoria son los días hermosos cuando regresaba a vernos. Era muy emocionante. Me alegraba mucho saber que mi padre estaba conmigo. Él siempre fue mi felicidad. Tenerlo a mi lado era como estar un poquito más cerca del sol: toda la vida ganaba luz y calor. Eso no quiere decir que la vida con mi mamá fuera mala. ¡Todo lo contrario! Mientras esperábamos la vuelta de mi papá, mi mamá se dedicaba a nosotras. Nos daba de comer, nos educaba, nos enseñaba el mundo y nos atendía, siempre con el apoyo de mi abuela. Y me acuerdo de que hablaba mucho de mi papá. Ahora me parece que lo añoraba, que le hacía falta. El suyo era un amor del bueno.

Pero, esa alegría nos duró poco. Tiempo después ocurrió una tragedia que nos cambió a todos: mataron a mi padre. Sucedió en nuestro pueblo, un día en que regresó a Zacatecas acarreando algunos problemas que había tenido en los Estados Unidos. Allá en el pueblo lo mató un supuesto policía que en realidad era un asesino a sueldo al que le habían pagado para matar a mi padre. En un parque, un lugar apacible y lleno de árboles, ahí lo asesinó. Por desgracia, todas quedamos huérfanas muy pequeñas. Yo tenía cuatro o cinco años cuando mi papá se fue. Mi hermana la más chica era de meses. Me acuerdo que mi mamá lloraba y lloraba. Supongo que estaba triste por perder al hombre de su vida, pero también aterrada ante la nueva responsabilidad de mantener ella sola a sus hijas. Lo increíble es que de esa experiencia salió todavía más fuerte y se volvió un gran ejemplo para nosotras.

Lo primero que hizo mi madre fue poner una pequeña fonda para ayudarnos a sobrevivir. ¡Y cocinaba muy rico! Siempre había gente en ese lugar. De ahí sacaba suficiente dinero para mantenernos. Durante muchos años se dedicó solo a nosotras. Calculo que fueron entre veinte y treinta años sin pareja. Ella solita, viviendo con y para sus hijas. Nosotras también aprendimos a trabajar a fin de ayudarla. Fue así como empecé con la idea de venir a los Estados Unidos.

Desde muy chica le decía a mi mamá que quería conocer este país. Yo observaba que las personas se superaban mucho al llegar a los Estados Unidos. Me impresionaba que la gente tuviera buenos trabajos y que el dinero les rindiera más. Las personas que vivían de este lado de la frontera se hacían notar. Cuando mi padre volvía de Estados Unidos, siempre lo hacía con regalos, con buena ropa. ¡Hasta carro nuevo traía! Y como yo siempre he querido superarme, pensé que no había mejor lugar para lograrlo que este país. Mi mamá siempre apoyó mis ambiciones y me decía que algún día lo iba a lograr. Y así fue. Primero conseguí una visa de turista gracias al apoyo de las personas con las que trabajaba en Zacatecas. Luego conocí al que hoy es mi esposo, y fue él quien me pidió que viniéramos a vivir acá. Nos casamos y fue entonces que aproveché mi visa para emigrar. Él había crecido en los Estados Unidos, de modo que todo fue más sencillo. Al poco tiempo presentamos los papeles y resolvimos todos los pendientes legales. Después me hice ciudadana y ayudé a mi mamá a legalizarse también. Lo mismo hice con una de mis hermanas. Al poco tiempo ya estábamos todas acá, mirando la vida desde el norte.

Este país me ha dado mucho, es un lugar muy bonito. Vivir en los Estados Unidos además me ha permitido sentirme más cerca de la memoria de mi papá. Él era un hombre muy alegre. Cantaba mariachis. Eso era lo que más le gustaba. Dice mi mamá que mi padre intuyó su muerte, que él sabía que lo iban a matar. Un día le dijo a mi madre que si lo asesinaban, deseaba que le mandaran a hacer un corrido. Hizo que mi mamá se lo prometiera. Y como ella es mujer de palabra, cuando mi padre murió se dedicó a buscar alguien que le hiciera su corrido. No tardó mucho en hallarlo. Hoy, el corrido de mi padre es famoso. Lo tocan mucho en el mercadito acá en Los Ángeles. Es el corrido de Salvador y Martín Muñoz, y se le conoce así porque a mi padre no lo mataron solo, pues iba con un primo suyo al que también asesinaron. El corrido cuenta la historia del policía criminal que los mató. Y habla de nosotras, sus hijas. Dice que nosotras le preguntamos a mi mamá qué le había pasado a nuestro padre. Y que ella nos dijo que fue un maleante el que lo asesinó. El corrido es muy emocionante, pero más lo es el hecho de que mi madre logró sacarnos adelante y además cumplir los sueños de su esposo asesinado. Ella siempre me ha parecido una mujer excepcional. Hizo de todo por sus hijas y todavía le alcanzó el ánimo para darle ese regalo al hombre de su vida incluso después de fallecido.

Con el tiempo, mi mamá volvió a la vida. Después de muchos años decidió casarse otra vez. Se dio una nueva oportunidad. Es una historia muy linda. Un señor mayor que ella quedó viudo y fue a buscarla al pueblo. El señor le contó que había estado enamorado de ella durante años, pero que como estaba casado, no había podido acercarse. Una vez viudo encontró el momento apropiado para tocar a la puerta de mi madre y proponerle matrimonio. En aquel entonces este hombre tenía ochenta y tres años de edad. ¡Mira que tener esa edad y seguir buscando el amor ideal! Solo de pensarlo me emociono otra vez. El caso es que terminaron casándose. ¡Pero se casaron bien! Mi mamá le dijo que tenía que pedirme a mí su mano. Y eso fue lo que hizo el viejito. Vino hasta California a decirme que quería casarse con mi madre. Hasta San Fernando vino el señor. Así de enamorado estaba. Duraron diez años juntos y fueron muy felices. Él la trató de una forma excelente y mi mamá lo cuidó mucho también. La vida de mi mamá fue mejor gracias a él. Yo ahora pienso que mi papá estaría muy orgulloso de nosotras, de mi mamá y sus hijas, porque a pesar de ser mujeres, nada nos ha impedido lograr nuestros sueños y alcanzar nuestras metas. Somos mujeres de lucha. Somos mujeres de bien. No es poca cosa, creo yo.

De mi padre
no hablo

· ·

«Se durmieron la mayor parte del tiempo,
porque estaban muertas de miedo».

Nací aquí en los Estados Unidos, en Los Ángeles. Mi
nombre es William Giovanni Flores, hijo de salvadoreños. Mi
mamá nunca fue a la escuela y mi padre apenas pudo acabar
el tercer grado en su país. No fue sino hasta que llegó a los
Estados Unidos que pudo terminar el bachillerato. Mi mamá
nunca volvió a tomar clases. Todo lo que sabe lo aprendió gracias a su propio esfuerzo, estudiando ella sola.

Mis padres me cuentan que decidieron venir a este país porque El Salvador estaba hundido en una guerra muy sangrienta
y peligrosa. Las cosas estaban muy mal allá y la vida se había
hecho insoportable, o por lo menos eso es lo que siempre me
han dicho ellos. Se dieron cuenta de que en su país de origen

la vida no iba para ninguna parte, y por eso empezaron a hacer planes a fin de dejar su tierra y venir al norte a buscar una suerte distinta. Mi papá fue el primero en irse. Luego le tocó el turno a mi mamá. Mis dos hermanas mayores se quedaron en El Salvador con mi abuela y mi tía. Y así pasaron tres o cuatro años, con mis papás acá mandando dinero y mi abuela allá tratando de cuidar a mis hermanas, que por entonces eran muy pequeñitas. Fue alrededor de esa época cuando mi mamá se embarazó de mí.

Yo nací en Los Ángeles y durante buena parte de mi infancia pensé que era hijo único. Ninguno de mis padres me dijo que tenía hermanas en otro país. Acá en los Estados Unidos mi papá se dedicó a muchas cosas. Fue jardinero, plomero, carpintero... de todo. Mi mamá hacía trabajos de costura y los dos sumaban esfuerzos para sacarme adelante y apoyar a sus otras dos hijas, mis hermanas, que seguían en El Salvador. Algunos años más tarde mis padres me explicaron que su gran ilusión de aquellos años era acabar con la distancia que los separaba de sus hijas. Querían traerlas a vivir con nosotros a los Estados Unidos. Y así ocurrió. Las trajeron unos coyotes cuando mis hermanas tenían apenas siete y diez años de edad. A veces me pongo a pensar lo difícil que debe haber sido para ellas enfrentar lo desconocido siendo apenas unas niñitas. La verdad es que les tengo mucho respeto. Ellas dicen que se durmieron la mayor parte del tiempo, porque estaban muertas de miedo. Además de que en el fondo no querían venir a vivir con mis papás. Ellas veían a mi abuela como su verdadera madre. Mi mamá y mi papá eran casi extraños para ellas, y dejar a mi abuela les dolió como si tuvieran que despedirse de su madre auténtica.

Cuando llegaron les costó mucho trabajo relacionarse con nuestros padres. Era como ver a un grupo de desconocidos convivir en la misma casa. Pero, con el tiempo todo se acomodó, todo se fue arreglando, y ellas se acostumbraron a su nueva vida. Y no solo a ellas les costó trabajo hacerse a la idea de su nueva vida. Mis padres me cuentan que cuando yo las vi llegar, mi cara se llenó de sorpresa... y no de las buenas. Creo que es una cosa fácil de entender. Después de todo, en cuestión de días pasé de ser un hijo único y consentido a tener que compartir la casa con dos hermanas mayores. Algo muy difícil para un niño de cinco años, creo yo. Mis padres me cuentan que mi molestia era tan grande, que un día les cerré la puerta de la casa a mis hermanas y no las dejé entrar. Se quedaron afuera por horas en un lugar que no conocían y que era peligroso simplemente porque yo no quise dejarlas pasar. También les decía que no podían tomar comida de la cocina ni nada de la casa. ¡Me sentía el rey de mi territorio! Para mí es chistosa la historia, pero para ellas seguro fue traumática. Mis papás me regañaron muy fuerte, y yo poco a poco comprendí que no era el hermano mayor, sino más bien el hermano pequeño. Hoy nos queremos mucho y somos muy amigos, aunque ya no vivimos juntos. Mis hermanas están con sus parejas, ya son ciudadanas y viven en Los Ángeles. Yo vivo con mi madre y otra de mis hermanas, ya que la situación de las rentas nos complicó la vida. Sobre mi padre no puedo hablar. No puedo hacerlo porque me duele mucho, pero también por cuestiones legales. Aunque quisiera explicar lo que pasó con su vida, prefiero no hacerlo. Algo le sucedió que le cambió la vida para siempre. Hace tiempo que no está con nosotros. Nos hemos tenido que acostumbrar a vivir sin su presencia y para mí es mejor no hablar de él.

Por lo pronto prefiero distraerme trabajando. Me dedico a ayudar en una organización no lucrativa que ayuda a los hispanos aquí en Los Ángeles. A veces pienso qué pasaría si yo viviera en El Salvador. He ido allá tres veces. Es un lugar muy lindo, pero la situación en el país está muy complicada. Pasé poco tiempo por allá, pero me bastó para acordarme de los cuentos que mis papás me decían sobre lo que sucedía durante su infancia en ese país: ellos construían sus propios juguetes, tenían que buscar y buscar solo para tener algo de comer... todo eso y cosas todavía peores. Los Estados Unidos, en cambio, les han dado una vida mejor.

A mí, claro que me gustaría vivir en El Salvador, pero en circunstancias diferente. El país es muy hermoso y las costumbres de la gente seguro que dan una mayor felicidad. Yo creo que allá la gente es más feliz, está más satisfecha. Puede sonar raro, pero en el Salvador el dinero no es visto igual que aquí. El valor está en tener familia y una comunidad antes que en el dinero o los bienes materiales. Allá uno está acostumbrado a no contar con gran cosa, y aquí es completamente lo contrario. Yo me considero salvadoreño y estadounidense al mismo tiempo. Salvadoreño, porque está en mi sangre y así fui criado. Sin embargo, nací en los Estados Unidos y muchas costumbres que tengo son de aquí. Hasta el idioma español que hablo está salpicado de muchas palabras que aprendí en California, algunas mexicanas, otras salvadoreñas, otras en inglés. Pensándolo bien, soy un... californiano.

Madres
heroicas

Las gemelas

....

«Una pesó dos libras y la otra libra y media.
Cabían entre mis cinco dedos, cada una».

Mi primera gran batalla fue el principio de la vida de mis gemelas. Todo fue repentino y complicado, porque nacieron de apenas seis meses de gestación.

Me llamo Nélida y soy de Guatemala, justo de Palín, en el centro de mi país. Parece mentira, pero llegué a Estados Unidos sin conocer a nadie. Lo único que quería era sacar adelante a mi gente, a mis hijos y mi mamá. Mi padre murió cuando éramos jóvenes y me tocó echarme a la familia entera al hombro. Como tuve cuatro hermanos y soy la mayor, mi destino fue asumir la responsabilidad de ayudar a los míos. En Guatemala, simplemente no era posible hacer nada por ellos. Éramos demasiado pobres y no había manera de prosperar. Además, me tocó la mala o la buena suerte de ser madre soltera. Así que tuve que batallar mucho cuando nacieron mis niñas, que son gemelitas. Después decidí salir de mi patria para darles una mejor vida. En total tuve cinco hijos, pero cuando emprendí el camino a los Estados Unidos tenía solo a mis dos pequeñas. Lo que nadie sabía entonces es que estaba viajando embarazada de otro bebé, que al final nació en México. Fue muy difícil dejar atrás a las niñas sabiendo que llevaba otra vida adentro. Sentí que las estaba traicionando, pero realmente no había otra salida. ¡Y es que habíamos pasado por tantas cosas juntas!

En el tiempo en que ellas nacieron, los hospitales en Guatemala estaban en huelga y no había atención médica. El embarazo iba muy bien hasta que tuve una caída en la casa. Fue un tropiezo, un pequeño mal paso, y entonces comenzaron los dolores de parto. Mis hijas no quisieron esperar más y decidieron nacer. Las di a luz ahí en la casa. Y lo hice yo solita, o casi. Solo mi mamá estaba conmigo. Más allá de la dificultad del caso, la situación fue hasta graciosa, porque yo no sabía que iban a ser dos. Nunca tuve la oportunidad de ir a un médico o un hospital, así que siempre pensé que era solo un bebé, pero cuando nacieron me di cuenta de que venían así, acompañándose. Me acuerdo de que mi mamá se asustó mucho cuando se dio cuenta de que venía el par, y sobre todo porque eran muy pero muy pequeñitas. Ella corría de un lado para otro buscando a los vecinos a fin de que nos ayudaran. En esa época, Palín era un lugar minúsculo, con muy poca gente. Quizá por eso mi mamá no encontró ayuda y tuvimos que arreglárnosla nosotras. ¡Y las niñas estaban tan pero tan pequeñas! Una pesó dos libras y la otra libra y media. Cabían entre mis cinco dedos, cada una. Las cargábamos así, en las palmas de las manos. Y la verdad es que no sabíamos bien qué hacer. No había modo de llevarlas a una clínica o un hospital. Yo ni sabía que existían las incubadoras. Lo que hicimos fue ayudarlas a crecer con el calor de nuestro afecto. Nos las poníamos en el pecho y las acariciábamos. Mi mamá colocaba botellas de agua tibia alrededor de sus cobijas para mantenerlas abrigadas. Les poníamos un bracero cerca para darles calor. Hasta la ropa les calentábamos. Todo para que ellas no pasaran frío. Y así, muy poco a poco, fueron desarrollándose. Luego tuvimos problemas para alimentarlas. ¡Tenían la boca demasiado chiquita! Sus cabezas no estaban bien formadas; parecían como globos de agua. Mi mamá tuvo la idea de ponerles gorros hechos con calcetines para que fueran endureciéndose día a día. No podíamos ponerles los gorritos normales para recién nacidos, ya que ellas enteras cabían adentro, como en un capullo. La ropa de prematuros se les caía, como una bata. Así de chiquitas eran; chistositas, muy chistositas. También tuvieron una temporada que fueron muy enfermizas, más una que otra, la más jovencita de las dos.

Tristemente, al poco tiempo, cuidarlas se nos complicó mucho. Yo trabajaba en una planta que procesaba café y no me alcanzaba con lo que me pagaban. Tenía varias deudas, porque las niñas se alimentaban con una leche especial. Había que ir hasta Tapachula, Chiapas, en México, para buscarla. Y yo no tenía dinero; no hallaba cómo ganarlo. Me la pasaba pidiendo prestado, consiguiendo algo para poder nutrirlas con lo que necesitaban. Cuando tenían dos años y medio, me di cuenta de que ya no podía más. No estaba ayudando a mi mamá, no estaba apoyando a mis tres hermanas menores y tampoco estaba sacando adelante a mis niñas. Todo estaba mal. Vivíamos en una pobreza tremenda, como una receta de muerte. Así que me dije: «Tienes que hacer algo». Y entonces le comenté a mi mamá: «Es una de dos: llego o no llego». Ella se puso triste, pero me entendió.

Les dejé a mis niñas y me fui para México. Mi mamá no sabía que yo estaba embarazada, que dentro de mí ya llevaba a mi hijo el varoncito. Primero me quedé a vivir en México y ahí nació mi pequeño. Trabajé duro y empecé a mandar dinero para mi mamá y mis hijas. Me esforzaba mucho de verdad, con mi hijo y todo. Pero, ni así era suficiente. Muy pronto comencé a pensar que tenía que seguir caminando y llegar hasta los Estados Unidos. Tuve mucha suerte, porque la familia con la que yo trabajaba en México me consiguió una persona para que me recibiera al llegar a California. No tenía ningún conocido, ya que fui la primera de mi familia en venir a este país. La pionera, si se le quiere ver así. No contaba con nadie, solo con el contacto que me había conseguido la gente de México.

Llegué a laborar a una fábrica de costura. Crucé la frontera un día 20 de febrero y el día 22 ya estaba trabajando. Tuve mucha suerte, pues trabajé ahí siete años, ganándome la vida y mandándole dinero a mi mamá. Día tras día, esa era mi rutina. Tuvieron que pasar cinco años para que pudiera ver a mis hijas otra vez. Fui a Guatemala, porque ya no podía más. Mi mamá estaba débil y eso también me impulsó a ir. Me arriesgué, porque no tenía papeles ni nada. Ahora me doy cuenta de que corrí un riesgo muy grande, pero me ganó el llamado del corazón. Esa fue la primera vez que las vi después de tanto tiempo. Con el paso de los años volví a ir. Me puse en peligro de nuevo solo por verlas a ellas. Y así fue pasando la vida. Ellas allá con mi mamá, yo acá en la batalla diaria.

Todo cambió el día en que recibí una llamada que me dolió mucho y me preocupó más. Me llamaron para decirme que mi mamá había fallecido. Supe que tenía que ir a Guatemala a ver a mis hijos y a traerlos conmigo, ya que aunque teníamos más familia allá, la verdad es que mi mamá era todo para ellos. Y si no estaba ella y tampoco estaba yo, quién sabe qué hubiera sido de mis chicos. Además, para ese entonces todos vivían en Guatemala porque el varoncito que tuve en México también se quedó encargado con mi mamá. Así que estaban mis hijas gemelas y mi hijo, y cuando murió mi mamá se quedaron solos.

Mi primera decisión fue ir a Guatemala a enterrar a mi madre. Después me dispuse a traer a mis hijos, aunque fuera de manera ilegal. El niño vino conmigo primero. La pasamos muy mal en el camino. Sufrimos mucho, la verdad. Él tenía trece años cuando lo traje. Aunque sabía que era un gran riesgo, tenía claro que no había otro camino. Sabía que tenía que traer a mis hijos para reunirlos con la familia que yo había formado acá. Y es que mientras ellos vivían con mi mamá, tuve otras dos hijas en Estados Unidos. Siempre había soñado con verlos a todos juntos. Para lograrlo tuve la fortuna de contar con el apoyo de mi esposo. Él ha sido mi roble, mi brazo derecho. Siempre ha puesto a nuestros hijos como su prioridad, los que tuvimos juntos y los que yo había tenido antes de conocerlo.

Ha sido el papá que mis otros hijos nunca tuvieron. Dios fue muy grande y puso en mi camino a la persona que yo buscaba. Él me quiso a mí con mis hijos y me ha ayudado mucho con ellos. Mis chicos ahora lo quieren, lo abrazan, le siguen dando gracias por haber sido el padre que ha sido para ellos. Sin él todo habría sido mucho más complicado.

La manera como llegaron acá mis gemelas fue mucho más dolorosa. Eso sí fue una pesadilla. Unas personas que eran amistades de la familia de mi esposo se prestaron para irlas a traer de Guatemala. Para nuestra enorme angustia, mis niñas se perdieron en el camino. Las abandonaron, así tan solo, como si nada. Estuvieron desaparecidas por dos semanas. No supimos nada de ellas durante muchos días. Fue una aventura muy dura para las dos. Ellas cuentan que las personas que las traían las dejaron tiradas en una montaña de este lado de la frontera. Dicen que la angustia era tan grande que hasta llegaron a pensar en la muerte. Imaginaban que si se moría una, la otra no iba a poder sobrevivir. «Juntas nacimos y juntas nos morimos», decían ellas. Una ya no podía ni caminar, estaba agotada y lastimada. Y le decía a su hermana: «Vete. Tú querías estar con mi mamá más que yo. Vete». Sin embargo, ninguna dejó a la otra. Las dos se prometieron que si morían, iban a hacerlo juntas. Y yo creo que esa fuerza es la que hizo que pudieran llegar aquí, donde las agarró la policía de inmigración. Esa fue una bendición. Si inmigración no las hubiera detenido, yo creo que no habrían sobrevivido. Unas personas nos informaron que las habían detectado después de la frontera y así fue que pudieron localizarlas. Tenían solo dieciséis años cuando vivieron todo eso. Ya cuando las encontramos tuvimos la suerte de que unos amigos nuestros las adoptaran para que pudieran estar bien aquí. Ellas tienen su residencia y son felices. Hoy mis gemelas están conmigo. Una ya es madre, tiene una hija de tres años.

Cuando pienso en mi vida, en todo lo que tuve que hacer para estar aquí y traer a mi familia para acá, la verdad que sí siento orgullo. Estoy agradecida con Dios y siempre lo voy a decir. Me acuerdo que cuando salí de mi país me encomendé a las manos de Dios, a su enorme sabiduría. Me animaba diciendo que todo era para esa familia a la que tenía que sacar adelante como fuera. Me ha tocado vivir cosas malas, claro, pero siempre le he pedido a Dios que no me suelte de su mano. Me siento muy orgullosa de mí misma. He logrado mucho con mis hijos. Cuando llegué estaba sola. Yo era la única y todos estaban lejos. Hoy tengo mucha familia aquí: mis hermanas, todos mis hijos y varios parientes más. Todos están conmigo. Mi país tuvo que quedar muy lejos y mi madre tuvo que irse para que yo pudiera estar con mis hijos. Pero, aquí estamos ahora, respirando el mismo aire día a día. Son las cosas del destino.

Los pasillos del mercado

....

«La bebida lo acabó, como a
tantos otros hombres».

Tuve una infancia llena de color. Fui a la escuela desde muy pequeñita. Recuerdo bien que me gustaban mucho los desfiles y las carrozas. Mi madre me crió en un mercado, porque ella vendía comida. Mi niñez olía a guisados y sazón de la buena. Me acuerdo de acompañarla a vender muchos productos, todo para sacarnos adelante ella sola. Y lo tuvo que hacer en soledad debido a que mi padre se murió siendo yo muy niña.

Mi madre me contaba que mi papá tomaba demasiado y por eso perdió la vida. La bebida lo acabó, como a tantos otros hombres que no saben controlar el trago y terminan perdiéndolo todo. Por eso fue que mi madre tuvo que hacerse cargo de nosotros. Para colmo, no tenía el apoyo de casi ningún otro miembro de la familia. Es más, yo nunca conocí a ninguno de mis abuelos. Éramos nosotros frente al mundo. Él único que nos ayudó fue un tío que se llamaba Juan, pero nadie más. Mi mamá fue una mujer muy animosa, hecha para pelear ante la adversidad. No le tenía miedo a nada. Para ayudarse a mantener a sus hijos vendió verdura, panes con *chumpe* (que son parecidos a las tortas)... de todo. Y cuando no tenía dinero porque las ventas ya no le daban, entonces iba a buscar trabajos en las casas. Se brindaba como cocinera, a veces yendo de puerta en puerta ofreciendo su talento para guisar. Ella me enseñó a cocinar. La lista de lo que hacíamos juntas es muy larga: carne guisada, relleno, papas, sopa de frijol, de pescado, de carne. ¡Ella sabía hacer todo eso de maravilla! Gracias a su esfuerzo logramos crecer sanos y salvos.

Mi madre me contaba que yo nací en una casa que ella alquilaba allá en Santa Tecla, en El Salvador, en la segunda calle de Oriente. Fue ahí donde me tocó venir al mundo. «Hola, niña Ana», me saludó mi mamá al nacer, o por lo menos así me lo contó. No teníamos dinero para ir a una clínica, de modo que ella se preparó para recibirme en la recámara que ocupaba. Y así ocurrió. Tuve dos hermanos y una hermana, pero los varones murieron hace tiempo: Raúl, el primero, cuando tenía veintidós años; el segundo se fue hace ocho años. Este último también tomaba demasiado y su cuerpo ya no aguantó un solo trago más.

Mi hermana vive aquí en los Estados Unidos, pero no conmigo. Con el paso del tiempo, yo me quedé en El Salvador y ella vino para los Estados Unidos. Como su situación era muy complicada, me dejó a su hija de apenas cuatro años de edad. Me quedé criándola junto con mi mamá. Por desgracia, mi madre solo nos duró cuatro añitos más: se murió cuando mi sobrina acababa de cumplir los ocho. Fue entonces que me quedé sola cuidando a mis hijas y también a la pequeña de mi hermana. La niña estuvo conmigo hasta que se convirtió en mujer. Yo la vi florecer y tener sus propios hijos. Cuando cumplió diecinueve años, mi hermana la mandó a traer para los Estados Unidos. Al principio la muchacha estaba emocionada de reencontrarse con su mamá y conocer este país, pero cuando llegó acá, empezó a extrañarme. Comenzó a pedirme que viniera para estar con ella. A mí no me sorprendió, porque yo en muchos sentidos fui su verdadera madre. Ella se encargó de tramitarme una visa y vine a vivir a California. De eso hace ya cinco años.

La vida acá me ha gustado mucho. Sobre todo me gusta salir para entretenerme y olvidar que estoy lejos de los míos. Lo que más disfruto hacer es sentarme en las plazas a resolver crucigramas y ver pasar a la gente. La tarde camina más rápido así. Y es que en El Salvador tengo a mis tres hijas y a mis diez nietos. Están allá, muy lejos. No he podido volver, porque mi sobrina se enfermó y decidí que no podía abandonarla. Lo que más me gustaría es traer a mis hijas para acá. Eso sería un gran sueño, pero se necesita mucho dinero para hacerlo. Por lo pronto, no me queda más que esperar a juntar plata para poder volver a mi tierra. Una de mis hijas se acaba de quedar sola con sus tres hijos, ya que mi yerno decidió también venir para los Estados Unidos. Me la imagino sin compañía ni ayuda y me duele el corazón. Mi alma me dice que tengo que volver para apoyarla, a ella y a todos mis hijos. Tengo que volver pronto para estar con los míos. La vida se va y no vuelve.

M.I.T.

....

«Llegué del trabajo y lo vi caminar hacia
mí por el pasillo de la casa. Y entonces
me dijo: "Mamá, ¿qué crees?"».

Mi padre era un hombre muy agresivo que maltrataba a mi mamá. Tomaba demasiado, no se controlaba. Era un típico macho, un típico hombre machista. Desgraciadamente, las mujeres hispanas están acostumbradas a aguantar demasiado. Soportan la violencia, pero yo pienso que eso no debe ser así. Entiendo que a veces muchas lo hagan por los hijos, pero ellas no saben que al dejarse golpear están afectando a todos, y sobre todo a los mismos hijos que pretenden proteger. Si una mujer abusada se queda con el marido, está dando un pésimo ejemplo, pues los hijos ven esa violencia y luego la asumen como normal. Crecen y hacen lo mismo. Por eso pienso que lo mejor es separarse y poner un alto a tiempo. Eso fue precisamente lo que hizo mi madre. Tuvo la valentía de dejar al hombre que abusaba de ella y se fue a encontrar una vida libre de violencia. Siempre la voy a admirar por eso.

Mi papá se volvió a casar y tuvo más hijos. Nunca nos volvió a buscar y hasta la fecha no lo ha hecho, a pesar de que sé que viene de visita a Estados Unidos, porque tiene familia acá. Pero no me importa: si él no se ocupa de buscarnos a nosotros, yo jamás lo voy a hacer. Mi padre, por eso y más, está en el olvido. Mi madre, en cambio, decidió seguir su camino conmigo y mi hermana, que es un año mayor que yo. Por desgracia mi mamá prosiguió con su vida de una manera muy extraña. Por razones que nunca entendí, escogió a mi hermana para traerla con ella a Estados Unidos. A mí, en cambio, me dejó encargada con mi abuela cuando yo, su hija Carmen, tenía trece años. Siempre me he preguntado por qué lo hizo. Ahora ya es demasiado tarde para averiguarlo.

Mi hermana y yo nacimos en el pueblo de Teplataxco en el estado de Puebla. Cuando yo vine al mundo mis padres ya estaban separados. Mi abuela, con la que me quedé, era una mujer muy buena, muy trabajadora. Gracias a ella logré mantenerme en la escuela. Terminé una carrera corta y empecé a trabajar en la tesorería municipal. Todo eso lo hice sin la presencia de mi madre. Pasé sin ella muchos años. Vivimos lejos desde mis trece años hasta mis treinta y ocho, cuando yo misma decidí emigrar a Estados Unidos. Fueron veinticinco años separadas, una verdadera eternidad. Lo más extraño para mí es que mi madre viajó solo dos veces a Puebla en un cuarto de siglo. Lo repito y no lo puedo creer. Dos veces en veinticinco años. En aquellos tiempos le guardaba algo de resentimiento, sobre todo por haber escogido llevarse a mi hermana antes que a mí. Solo el tiempo me ayudó a valorar el esfuerzo que ella había hecho para mandar dinero a México y darme una vida y una educación. Sin mi mamá, yo no habría podido ir a la escuela, por ejemplo. Mi abuela y yo vivíamos solas en una casa y nos hicimos compañía durante muchas noches. Para las dos era doloroso: ella extrañaba a su hija y yo a mi madre. Nos unía el mismo anhelo, el mismo hueco en la boca del estómago.

Por aquellos tiempos mi madre ya había echado raíces en California, junto con mi hermana. Un día le pregunté por qué había decidido dejar a una de sus hijas y llevarse a la otra. Nunca me dio una respuesta, y yo preferí no preguntarle más. Solo Dios sabe qué la hizo actuar así. Pero Dios es muy sabio y sus misterios son suyos nada más. Yo tuve la suerte de poder tener una vida buena. Allá en México conocí a mi esposo y tuvimos dos hijos que son la luz de mi existir, así de claro.

Un día, con mi niño y mi niña en plena infancia, mi mamá me sugirió que me fuera a los Estados Unidos para que ellos tuvieran una mejor educación, sobre todo para que consolidaran su aprendizaje del inglés. Mi marido y yo los teníamos en una escuela privada en México, pero los pagos eran muy caros. Por eso decidimos que la mejor manera de seguirles dando la educación que se merecían era dejando nuestro país y viniendo para acá. El plan era que yo viniera con los niños por dos años... ¡y ya estoy casi al cumplir diez!

La distancia me costó mi matrimonio. Mi esposo nunca quiso dejar México, pero a mí no me importó. Siempre he pensado que lo primero deben ser los hijos. En el fondo sabía que iba a perder a mi marido para, al mismo tiempo, darles a los chavos una educación de primer mundo. Puede sonar doloroso y lo fue, pero nunca tuve ni la más mínima duda. Quería verlos superarse. Y eso fue exactamente lo que sucedió. La vida en los Estados Unidos no ha sido fácil. Al principio llegamos a vivir a casa de mi madre. Yo no había convivido con ella en veinticinco años, así que en muchos sentidos era una extraña para mí. Simplemente no estaba acostumbrada a vivir en familia. Y luego el asunto se puso peor, porque mi mamá empezó a querer imponernos sus reglas a los niños y a mí. Y ahí sí tuvimos un conflicto. Le dije que mis hijos eran solo míos y que solo yo decidía por ellos, que solo yo decía qué era lo bueno y qué era lo malo para mis hijos. Ella quiso imponerse y lógicamente no pudo. Al final decidimos irnos a otro lugar y fue entonces que nuestra vida —la mía y la de mis dos hijos— empezó a florecer.

Desde el primer día supe que mi única meta era darles las mejores opciones a mis hijos. Yo sabía que iba a ser una batalla diaria, un esfuerzo cotidiano. Pero, nunca perdí de vista mi objetivo como mamá. Mi hijo había estado becado desde que tenía seis años allá en México. Cuando llegamos a los Estados Unidos, lo matriculé en una escuela. Para ese entonces el niño tenía nueve años. Cuando salió de esa escuela lo hizo con honores. Después siguió a la escuela intermedia y también se graduó con honores. Al terminar el bachillerato quedó en tercer lugar de toda la escuela. Los maestros siempre lo apoyaron a él y a su hermana. Siempre me dijeron que eran muchachos que se podían destacar, porque eran diferentes a los niños de acá: estudiaban mucho, dominaban el inglés, se dedicaban al estudio.

Cuando mi hijo finalmente se graduó de bachillerato empezó a tomar cursos de ciencia en UCLA. Ese es el tema que más le ha apasionado desde que era un niño. Un buen día llegó y me dijo que quería enviar una solicitud a las universidades privadas. Pensaba que no lo iban a aceptar, porque no había nacido aquí y no tenía documentos. Tenía miedo de no poder estudiar. Y me lo decía con lágrimas en los ojos, como no entendiendo por qué la vida podía negarle una oportunidad por la que había peleado tanto. Fue muy difícil para todos. Pero entonces salió el sol. Él siempre ha sido estudioso y responsable. Un día llegué del trabajo y lo vi caminar hacia mí por el pasillo de la casa. Y entonces me dijo: «Mamá, ¿qué crees?». Yo le contesté: «¿Qué pasó mi'jo?». Él se me quedó mirando y me explicó: «Fui aceptado en la universidad MIT». Corrió hacia mí, me abrazó y me dijo: «Ese es el resultado de tu esfuerzo, mami». Fue un momento que nunca voy a olvidar. Al saber que mi hijo había sido aceptado en la mejor universidad del país para estudiar, con una beca completa, me parecía que estaba soñando despierta. Mis hijos siempre han reconocido el esfuerzo que he hecho. A pesar de la separación de mi marido, de nuestra soledad acá, pienso que todo ha valido la pena.

Llevo diez años trabajando para ellos, porque mi hija también quiere ir a la universidad y lo va a lograr. Yo, mientras tanto, trabajo en una panadería en las mañanas y por las tardes en un restaurante. Así todos los días con la excepción del domingo. Todo esto ha valido la pena, pero también tengo el dolor de no poder estar más tiempo con mis hijos. A veces siento que la vida se me ha ido en trabajar. No he podido ver cómo se desarrollan cada día. Pero eso sí: he tratado de darles tiempo de calidad, porque me dedico a ellos por completo. Por eso pienso que estos años han valido la pena. Veo el sacrificio en ellos, veo los frutos de ese sacrificio en ellos. Y eso me hace feliz. Lo único que quisiera ahora es encontrar mayor tranquilidad. Quisiera ver que gente como yo fuera tratada como parte de la sociedad, no como personas extrañas o de segunda clase. Todos somos seres humanos y merecemos el mismo trato. Mis hijos han logrado destacarse gracias a la protección de la Acción Diferida, que les quitó el temor de ser discriminados por su origen migratorio. Los inmigrantes venimos a trabajar, no venimos a buscar problemas. Lo que necesitamos es una oportunidad, eso es lo único que queremos.

Amiga de mí misma

«Mi corazón está allá, en la orilla del lago, en mi Chapala de la infancia».

Éramos pobres y necesitábamos un cambio. Vivíamos en Chapala, Jalisco, donde nací hace muchos años, tantos, que ya no quiero ni contarlos. Me llamo Diana Hernández y pasé mi infancia en aquel lugar divino, un oasis de tranquilidad y tradición en el corazón mismo de México. Mi familia siempre fue muy unida, y todos lo seguimos siendo. Fuimos siete hermanos. Cuando yo tenía catorce años, vinimos para Estados Unidos.

Mi padre era chofer de materiales para la construcción y mi madre trabajaba en su casa. Me acuerdo mucho de los fines de semana. Nos íbamos siempre al malecón en el lago. Un lugar muy lindo que me hacía sentir que vivía en el agua. El aire siempre estaba limpio, puro. Lo triste es que, aunque era y sigue siendo un lugar de una belleza muy singular, mucha gente se va de allí. Y se van porque sufren de una pobreza tremenda. Así nos pasó a nosotros: éramos pobres y necesitábamos un cambio.

Mi madre fue quien nos trajo y ni siquiera nos preguntó. Simplemente nos trajo y se acabó. Pero, tenía buenas razones: mi padre murió en 1979 y la soledad le pesó mucho a mi mamá. No tanto en lo emocional, porque ella siempre fue una mujer de mucho carácter, pero sí le costó mucho trabajo darle de comer a tantas personas. No había oportunidades, ni dinero, ni futuro. Y así no se puede vivir en un lugar, por más lindo que sea. Por eso fue que mi madre decidió irnos trayendo a Estados Unidos. Paso a paso fuimos llegando hasta aquí con ella.

Empezamos a construir una vida muy despacito. Yo recuerdo la llegada con sentimientos que se cruzan. Por un lado tenía la emoción de comenzar algo nuevo y por el otro una nostalgia muy pesada, una tristeza que hasta entonces desconocía.

En esos primeros días acá extrañaba mucho a mis amigos. Añoraba la vida sencilla de Chapala: ir al lago, caminar por la orilla, estar todos juntos. Sin embargo, no tenía tiempo para la tristeza, porque estaba rodeada de mi familia.

Aquí, mi madre se dedicó a cuidar niños y limpiar casas. Ella todavía vive. Fue mi mamá quien me enseñó a luchar, a salir adelante. Siempre nos dijo que no debíamos darnos por vencidos. Por nada ni por nadie. Nos inculcó buenos valores y fue muy valiente al decidir cambiar de país con todos los suyos para alcanzar una mejor vida.

A mí, este país me ha dado cosas buenas. Yo sé que hay gente que se queja, pero yo le tengo cariño. No conozco otro país que no sea este. Para empezar, gracias a esta tierra tengo mi negocio, que es un salón de belleza.

Viví en México, pero casi no me acuerdo. Y con todo y eso, todavía diría que mi corazón está allá, en la orilla del lago, en mi Chapala de la infancia. Tengo a mis amigos, mis sobrinos... a la gente de allá, que es la que se echa de menos.

Muchas veces me he preguntado si me gustaría volver. Y quizá sí, tal vez. Creo que allá pasaría una vejez tranquila. Para eso, tengo que seguir trabajando y volviéndome cada día mejor cosmetóloga. Mi mayor satisfacción es ver a las personas saliendo de un servicio, escuchar que me dicen: «¡Vaya! ¡Me transformaste!». Me encanta transformar a los clientes. Ver a la gente feliz es algo hermoso. Lo que más me gusta de ayudar a ese cambio es la felicidad que tienen todos al salir del salón. A mis clientes se les ve en la cara lo contentos que quedan. Hay personas inseguras que llegan y piden ayuda. Gente que llega con la autoestima muy baja. Al principio están muy tristes e incluso deprimidos, pero cuando salen, hasta caminan más derechitos. Un simple corte de pelo los hace sonreír. Una vez llegó una chica con el pelo destrozado. Se había hecho mucho daño y llegó muy triste. Sin embargo, la ayudé a verse mejor y salió feliz. Era ya otra persona internamente. Me acuerdo de que la vi alejarse caminando por la banqueta. ¡Hasta se movía diferente!

Por mi parte, nunca tuve hijos. No tengo familia propia. Fue mi decisión. Lo único que quisiera ahora es tener más tiempo para mí. Deseo sentirme tan feliz como mis clientes. Así quisiera sentirme. A veces pienso que me gustaría viajar, pero luego me arrepiento. Prefiero mejor encontrar la felicidad aquí. Me gusta mucho estar conmigo misma. Quizá el hecho de que nunca he estado con nadie me ayuda. Soy muy amiga de mí misma. Soy amiga de mi soledad. El amor está ahí afuera, pero no es lo mismo que estar conmigo misma. Simplemente no es lo mismo.

Dos abandonos

*«Es imposible querer a alguien que en
algún momento decidió abandonarte»*.

Viví hasta los catorce años en Cuernavaca, donde
nací. Luego me fui a Jojutla, un lugar cercano, y estuve allí
hasta poco después de cumplir los diecinueve años de edad.
Recuerdo mi infancia con mucho cariño. Fue una niñez típica
de pueblo: siempre platicando, con los amigos, sentada en la
plaza, viendo pasar los días. Era un ambiente muy tranquilo.

Mis abuelos tenían un par de pequeñas fondas familiares. En
ellas trabajaba mi madre y ahí mismo crecí yo, Rosario López.
Cuando era chica atendíamos un local con todo esmero. Todo
lo hacíamos nosotros: cocinábamos, atendíamos a los clientes,
limpiábamos las mesas. Recuerdo haber visto allí a prácticamente toda mi familia: mis tíos, mi hermano, mi madre y cada
uno de mis primos. Todos poniendo su granito de arena para
que el local saliera adelante y nosotros junto con él.

Con mi padre nunca conviví. Mi madre fue quien nos formó. Ella fue madre y padre para nosotros, y gracias exclusivamente a su esfuerzo estamos acá en Estados Unidos. Mis padres se divorciaron y mi madre se concentró en el negocio para darnos oportunidades a sus cuatro hijos. Según pienso, lo que hizo fue absolutamente heroico. Basta imaginar lo que era para una chica de apenas veinticuatro años encontrarse sola en el mundo, acompañada solo de sus cuatro hijos pequeños, y tener que hallar la manera de sacarlos adelante en contra de lo que fuera. Pues bien, eso fue exactamente lo que hizo. Siempre estaré orgullosa de lo que mi madre logró. Con mi padre hemos hablado, pero no hay ninguna convivencia. Podrá haber ese cariño casi como biológico entre padres e hijos, pero no simpatizamos, no hay ningún trato más allá. Es imposible querer a alguien que en algún momento decidió abandonarte. Yo eso no puedo entenderlo ni tampoco perdonarlo. Antes que todo, mi madre me enseñó el valor del trabajo; esa fue la gran lección que nos dejó. Mi abuela también hizo mucho para ayudarnos y darnos consejos; siempre decía aquello de: «A donde fueres, haz lo que vieres».

En realidad, fue mi abuela la que nos sacó adelante durante gran parte de la infancia. Mi madre vino para Estados Unidos a fin de ganar dinero y darnos una mejor vida. Mientras tanto, nosotros nos quedamos en casa de los abuelos allá en México. Nos mandaron a la escuela gracias al dinero que enviaba mi mamá desde Houston. Así vivimos dos años hasta que mi madre decidió volver. Cuando la vi de nuevo sentí que finalmente había vuelto mi mejor amiga. Me colmó una emoción enorme y quería platicarle de mil cosas, empezando por la tristeza que nos daba pensar en ella durante su ausencia. Porque aunque nos quedamos con mi querida abuela, la madre es la madre. Y tenerla cerca fue como respirar otra vez.

Ya cuando mi mamá regresó por nosotros, vendimos el negocio y vinimos a Estados Unidos, primero mi tía, luego mi mamá y yo. Después llegaron mis otras hermanas. Debo haber tenido entonces dieciocho años, y no hablaba una palabra de inglés. ¡Ni una sílaba sabía pronunciar! Una vez acá, no tardé en aprender la que me parece que es la única lección que necesitas para sobrevivir en este país. Estados Unidos te dan a escoger, y es muy simple realmente: o le echas ganas o lo echas ganas. En esta tierra hay que luchar contra muchas cosas. El idioma es diferente, como las costumbres. La vida familiar también lo es. Allá en México la familia es unida, y de repente te toca desligarte de las personas y abrirte paso por ti misma. Y eso fue lo que mi madre me enseñó.

Llegué a Estados Unidos y de inmediato empecé a limpiar casas y cuidar niños. Viví encerrada ahí, sin ver a mi madre ni tener toda mi red de apoyo a la que estaba acostumbrada. Fue de verdad difícil. Sin embargo, lentamente empecé a aprovechar lo que la vida me ofrecía. Los niños que cuidaba me enseñaron poco a poco a hablar en su idioma y yo les enseñé español. Siempre con mucho ánimo fui formándome una vida. Después me casé y tuve dos hijos. Hice sacrificios para superarme. Tal y como había hecho mi madre, dejé encargados a mis hijos con tal de irme a estudiar, pues yo quería darles una vida buena y cumplir mis metas, exactamente de la forma como me enseñó mi mamá. Finalmente, puse mi negocio, ya que quería seguir progresando. Ese siempre fue mi sueño. Y ahora tengo un «day spa». ¡Hasta escribí un libro! Cuando voy a México me dedico a compartir las cosas que he hecho. Eso sí, hace unos años me divorcié. Se acabó el amor y el padre de mis hijos se fue. Ahora soy madre soltera también, tal y como lo fue mi mamá. La vida es curiosa, muy curiosa...

El padrastro

....

*«Recuerdo una noche en particular en la
que mi mamá se peleó con mi padrastro».*

Nací en un lugar que se llama San Ignacio, cerca de
Mazatlán. Me llamo Norma Vázquez, y según recuerdo viví allí
hasta los cinco años con mi mamá y mis cinco hermanos. Mi
padre se hallaba también por ahí, pero no estaba presente por
completo. Iba y venía según le parecía conveniente. La nuestra
es una de esas historias típicas de familias mexicanas rotas, en
las que la madre toma el mando de los suyos, ya que el señor
simplemente no está o no se digna a prestar todo el apoyo que
podría. Y así sucedió con nosotros. Desde el mismo principio
de nuestras vidas, y hasta el día en que murió, mi padre nos
dejó solos. Mi mamá, en cambio, fue una mujer trabajadora que
decidió muy pronto que iba a dedicar su vida a pelear por nosotros, por nuestro bienestar. Ella se dio cuenta de que tendría que
sufrir por sus hijos y por eso decidió irse de San Ignacio.

Después de vivir en Sinaloa nos mudamos a Tijuana por cuatro años. Fue entonces que mi mamá decidió hacer el gran sacrificio de dejar a sus hijos y emigrar a Estados Unidos. Nos dejó encargados con unos tíos. Lo extraño es que cada uno de nosotros se quedó con una familia diferente de parientes. Ella no quiso dejarnos a todos juntos, así que lo nuestro resultó una doble separación: se nos fue nuestra madre y nos vimos obligados a vivir lejos los unos de los otros, aunque fuera en la misma ciudad. Mes atrás mes, mi mamá mandaba dinero para mantenernos. Así fue nuestra vida durante tres o cuatro años. Mi madre tardó mucho tiempo en volver, ni para Navidad, ni para nuestros cumpleaños ni para nada. Simplemente desapareció de nuestras vidas. Fue una época muy complicada, según la recuerdo, y ahora que tengo hijos me doy cuenta de a qué grado debe haber sido una pesadilla, tanto para ella como para nosotros.

Considero que en la vida existe una regla que hay que respetar pase lo que pase: los hijos deben estar con sus padres. Muchas veces recuerdo haber llorado por mi papá o mi mamá. Sin embargo, eso me hizo una persona más fuerte, me hizo luchar y salir adelante. Cuando mi mamá regresó por nosotros, yo ya era una mujercita en formación. La soledad me había hecho crecer muy rápidamente. Al escuchar a mi madre, me dio mucho gusto saber que había conocido a una persona en Estados Unidos y pronto seríamos una familia. La pareja de mi mamá tenía sus propios hijos y a mí me hizo mucha ilusión imaginar que tendría una nueva familia, no solo con una mamá, sino también con una figura paterna. Eso es lo que una niña de esa edad desea. Y en cierto sentido así fue.

Mi mamá se casó con un mexicano acá. Cuando llegamos todo iba bien. Pero, éramos muchos en un espacio reducido. Vivíamos en un apartamento muy estrecho. Y aunque había amor entre ellos dos, pues de verdad los niños éramos muy numerosos. Económicamente tampoco estábamos bien, y eso hizo que los primeros años aquí fueran difíciles. Mi padrastro fue un buen hombre, aunque a veces tenía actitudes violentas. Para él fue difícil tenernos en su casa. Por momentos se desesperaba. De ahí que ocurrieran algunas situaciones que nos pusieron un tanto en riesgo. El ambiente en la casa era muy pesado. Y hasta consideré seriamente la posibilidad de irme y regresar a México, aunque fuera yo sola. Recuerdo una noche en particular en la que mi mamá se peleó con mi padrastro. Nos fuimos de la casa y terminamos deambulando por la calle. A las dos o tres de la mañana andábamos por las avenidas del este de Los Ángeles buscando la casa de unos familiares para que nos dieran albergue. Cuando llegamos, la persona que nos abrió la puerta no nos quiso recibir por temor a las represalias de su propio marido. No sé si le daba miedo que su esposo se pelara con mi padrastro, pero el caso es que no nos permitió pasar la noche allí. Yo sentí mucho desamparo, pero también mucha solidaridad y cercanía con mamá, que tenía un carácter firme y una enorme fuerza. Y esa fortaleza nos las transmitió a nosotros. Con el tiempo todo se fue aclarando y nos fuimos adaptando a este país, que nos ha dado tanto.

Venir a Estados Unidos ha sido lo mejor que me ha pasado. Desde el principio, nosotros decidimos entregarlo todo por nuestro nuevo país. Y de verdad que no exagero. Las carencias de nuestra infancia nos convencieron de la necesidad de luchar con el alma a fin de estar bien acá y ser personas de provecho para esta sociedad. Yo a los Estados Unidos les debo mucho: mi superación, mis hijos, mi familia, mi carrera y hasta mi felicidad. Adoro a México, pero este país me ha ofrecido oportunidades que he sabido aprovechar. El mejor ejemplo es el estudio. Yo siempre soñé con ir a la escuela y tener una educación. Para eso tuve que trabajar y luego, por las tardes, me dedicaba a ir al colegio. Trabajaba y estudiaba, y así fue como me recibí de maestra. Ahora me dedico a dar clases en una preparatoria. Ahí me llegan muchos inmigrantes a los que trato de contarles mi historia para que se den cuenta de que todo es cuestión de voluntad. Me da tristeza ver que los jóvenes no aprovechan sus oportunidades.

Este país le permite a uno crecer, pero solo si uno acepta las condiciones y trabaja duro. Eso hice yo, y Dios me recompensó con una vida buena y un buen hombre. Y es que aquí conocí a mi esposo. Me casé con un michoacano y tenemos cuatro hijos. Dos de ellos se graduaron de la universidad y aunque los otros dos no estudiaron, tienen buenos trabajos. Toda la familia está muy bien. Todo ese sufrimiento y sacrificio valió la pena. Y eso lo veo hoy con mis propios hijos. Y también con mi madre, que sigue trabajando hasta la fecha. Hace unos días la llevé a ver al último hermano que le queda en Sinaloa. Ella nos dio tanto y nos enseñó tanto, que por eso todos somos buenas personas. Es el ejemplo de su lucha, al fin y al cabo.

El amor nunca muere

«Estaba muy jovencito, tenía
apenas treinta y cuatro años. Me
lo mataron para robarle».

Mi nombre es Ernestina León y soy de Guatemala. Viví allá desde que nací hasta que vine a Estados Unidos, en 1981. Pasé toda una vida en mi tierra guatemalteca: mi niñez, mi adolescencia. También me casé allá —los dos muy jóvenes, yo de dieciséis años y él de dieciocho— muy enamorada. La vida en aquel tiempo para nosotros fue buena, o al menos un poco. Buena porque teníamos un negocio juntos. Vendíamos maíz, frijol, arroz, café y toda clase de granos. Queríamos que el negocio prosperara para que nos diera una vida tranquila, ver crecer a los hijos y morir juntos. El sueño de todas las parejas, o acaso de las que se quieren de verdad. Sin embargo, no contábamos con el curso natural de la vida, que tenía planes muy distintos para nosotros.

Cuando habíamos cumplido poco más de quince años de matrimonio, justo cuando consolidamos nuestros proyectos y anhelos, en el mejor momento de mi esposo y mío, entonces me lo mataron. Estaba muy jovencito, tenía apenas treinta y cuatro años. Me lo mataron para robarle. Fue en un asalto que ocurrió en 1980. Yo en ese tiempo apenas rebasaba los treinta y dos años, y me sentí como si un huracán me hubiera levantado y aventado por el cielo. Después de que mi marido perdiera la vida, me quedé con cinco hijos, incluida la más pequeña, que tenía cinco días de nacida cuando murió su papá. El más grande tenía quince años. Y me tocó a mí criarlos sola. Fue muy difícil recuperarme después de que falleció mi esposo. La única manera que encontré de intentarlo fue trabajando. Me esforzaba mucho: seleccionaba café, además de encontrar empleo en un restaurante y una panadería. Así estuve viviendo durante cuatro años, trabajando el día entero para cuidar a mis hijos. No paraba ni un segundo. A veces no sabía cuándo era la noche ni cuándo comenzaba el día.

Me resultaba muy difícil ganar lo suficiente, simplemente no hallaba cómo lograrlo. Poco a poco tuve que enfrentar una realidad ineludible: el destino estaba en otra parte. Esperé hasta que mi hija la más pequeñita cumpliera cuatro años y entonces decidí venir a Estados Unidos. Mis hijos querían graduarse de la universidad, porque eran buenos para el estudio. Cuando les escuché decir eso, supe que tenía que venir para acá. El dolor de perder el amor nunca se supera, pero yo no iba a dejar que mis hijos se murieran de hambre. Vine para este país de «mojada», como decimos. Pedí dinero prestado, porque no tenía ni un centavo para el viaje. Ya en la frontera, un sobrino mío que vivía acá me hizo el favor de pagarle al coyote para pasarme.

Gracias a Dios llegué sana y salva a California. Lo primero que hice fue cuidar a unos niños en San Fernando. Con ese trabajo comencé aquí. Resultó una experiencia agridulce: vine a buscar una mejor vida dejando a mis hijos en Guatemala y lo primero que me sucedió fue tener en brazos a los niños de otras personas. Una experiencia muy dura. Pasé un año de verdad complicado. Por momentos cerraba los ojos y deseaba que, al abrirlos, mi esposo estuviera mirándome para rescatarme de aquello. También recuerdo que me ponía a comer por las tardes y pensaba en mis hijos. Me preguntaba si ellos también tendrían algo para comer. Todo el tiempo los tenía en la mente, a ellos y a mi mamá que me los cuidaba. Lo que me impulsaba era la ilusión de imaginar que pronto los tendría a mi lado. Siempre tuve esa meta en el corazón: darles lo suficiente para vivir allá, pero luego redoblar esfuerzos para traerlos a California, a vivir conmigo. Para ese entonces, mi sobrino ya me había conseguido un trabajo en Monterrey Park. Ganaba apenas cincuenta dólares a la semana. ¡No era nada! Más adelante me consiguió otro empleo. Ahí ya ganaba más. Y así resultó mi vida: paso a paso se fueron yendo los años.

Sin embargo, justo cuando el tiempo se iba, llegó la esperanza. Poco a poco fui trayendo a mis hijos. Y también lentamente fueron consiguiendo papeles. Primero logré que viniera el varón. Después me traje a la hembrita que le seguía, y después a los otros. La última obtuvo sus papeles en la amnistía de

1986. Me acuerdo bien del momento en que los tuve a todos en la sala de mi casa, unidos de nuevo, como una familia después de tanto dolor, tanta lucha y tanto tiempo lejos. Me dio una enorme alegría. Le di gracias a Dios por ese milagro. Y ese fue solo el primero de los muchos que me concedió, porque resulta que mis cinco hijos son universitarios ya graduados. Salieron buenos para el estudio. Pero eso sí, tengo muy claro que si yo no hubiera venido para acá, mis hijos no habrían tenido la oportunidad de educarse.

Ahora todos están muy bien, gracias a Dios. Hoy día tengo una hija casada con un estadounidense. Otra está en Guatemala trabajando de maestra. Uno se dedica a la mercadotecnia. Tengo otras que son secretarias bilingües. Me alegra mucho verlos bien. En cuanto a mí, ahora me dedico a atender a una viejecita. De cuidar niños cuando llegué, ahora me fui para el otro lado y estoy asistiendo a una señora de edad. También a veces me dedico a ayudar a mis hijos con mis nietos. Casi todos viven cerca de mí.

En ocasiones, cuando considero mi vida, me admiro yo sola de lo que logré, de la manera en que saqué a mis hijos adelante. Sin embargo, tengo muchas recompensas. Una de ellas tiene lugar por las noches. Es entonces cuando, aunque han pasado ya treinta y cinco años, me visita todavía mi esposo. Cierro los ojos y respiro. El cansancio me vence muy rápido. Y entonces sueño con él. Ahí se me aparece. Me viene a ver en sueños y platicamos. Le cuento de los hijos y los nietos. Nos quedamos mirando. Lo veo reír otra vez. Y es que uno nunca olvida a su amor. Esa herida no se cierra nunca.

Cicatrices
de la distancia

Mi padre me llama

*«¡Pero cómo voy a ir! No tengo
papeles y acá están mis hijos».*

Estoy acá desde hace ya veinte años. Llegué como inmigrante. Y como tantas y tantas personas que venimos a este país, traje conmigo el sueño de ser alguien y ayudar a mis hijos a tener vidas mejores, más sencillas o menos sufridas. Eso es algo que poca gente piensa. Los inmigrantes no solo luchamos por nuestra vida, sino también por las de los que nos siguen, los que vienen detrás. Nuestros sacrificios no son por nosotros, sino por nuestros hijos, que son nuestra bendición. Uno de los míos, por ejemplo, ya está en la universidad. Verlo ahí hace que mi esfuerzo diario valga la pena.

Soy ama de casa y no trabajo, porque prefiero estar con ellos y vivir para ellos. Les hago su comida, les lavo, los llevo a la escuela. En el mejor sentido, les he entregado mi vida. Y claro que lo he sufrido, pero no cambio esa experiencia por nada, ni siquiera cuando pienso en todo lo que dejé atrás. He tenido la suerte de contar con el apoyo del padre de mis hijos. Igual que yo es inmigrante y tenemos la misma meta, las mismas ilusiones. Él trabaja y yo hago la comida. Todos los días, las semanas, los meses y los años. Es nuestro acuerdo y nuestra vida. Somos como un equipo, pues. Y por eso es que estamos llevando a los niños hacia donde queremos que estén. La ilusión es que todos estudien su carrera para que no sufran. Queremos que ellos no experimenten los dolores que nosotros soportamos al venir para acá con tantos sueños.

Como el sueño de uno es que los hijos salgan adelante, hay que sacrificar muchas cosas. Yo he tenido que resignarme a estar lejos de mi familia, sobre todo de mi padre. No poder verlo, no poder acompañarlo en sus últimos años, ha sido algo parecido a un castigo divino, algo que no creo merecer.

Mi papá tiene un problema de cáncer y por no tener papeles me he tenido que quedar acá, llena de tensión y angustia. No he podido ir a verlo para darle el apoyo que merece. En los últimos meses ha estado en quimioterapia y me llama y me pide que vaya. Insiste en que me necesita con él. ¡Pero cómo voy a ir! No tengo papeles y acá están mis hijos. La mitad de mi vida la he pasado aquí, en este país he construido todo lo que tengo. Vine cuando tenía veinte años de edad y ahora tengo cuarenta y dos. Aunque duele aceptarlo tengo el corazón dividido. A veces quisiera estar allá con mi padre, pero mis hijos también me hacen mucha falta, y ellos me necesita a mí. Y lo digo con el corazón en la mano: si tengo que elegir, los escojo a ellos. Doy todo por ellos.

Aquí nació mi hijo de veinte años, que hoy estudia en la universidad en Northridge. Es estadounidense y muy orgulloso de serlo. Yo también me enorgullezco, sobre todo cuando pienso en lo que ha sido mi vida. Venía embarazada de mi niño cuando entré a este país. Tengo otro en el bachillerato y otra en la secundaria. Todos van a la escuela, sin faltar ni un solo día. Esa es su responsabilidad y ellos lo saben. Si sus padres batallan es para que ellos puedan ser más de lo que fuimos nosotros. Es así de fácil y claro.

Mi nombre es María Sánchez y nací en Huetamo, a un ladito de Morelia, Michoacán. Mis padres siempre fueron muy humildes. Ordeñaban vacas, vendían leche en el rancho, hacían queso para vender. Así trataban de ganarse la vida. Fuimos gente pobre, del campo. Vivimos con lo único con lo que uno podía mantenerse: el ordeño de las vacas o la siembra. En México, en aquel tiempo no había más.

Uno viene de un pueblo y cuando llega a Estados Unidos sufre mucho. El cambio es muy difícil, pues se pasa de un lugar pequeño y medio dormido a una ciudad que no se detiene ni para respirar. Por eso, si los hijos al final alcanzan una vida mejor, entonces uno puede definitivamente sonreír. Y lo cierto es que todo se puede en este país. Eso sí es verdad. No hay límites para quien trabaja. Mis hijos no andan con lujos ni nada, pero aunque sea pobremente los hemos encaminado bien. Van por buen rumbo, creo yo. El más grande nos dijo hace poco que quiere ir a conocer la tierra de donde somos. Él no sabe lo que es Michoacán. Yo creo que cuando vea ese paisaje le va a parecer muy bonito. Aunque también es cierto que con toda la delincuencia que hay, ya uno no sabe. Mientras ese momento llega, mientras los hijos crecen, yo seguiré dedicándome al hogar y a ellos. Y además a ayudar a mi esposo. A veces también salgo a vender mis gelatinas, o en ocasiones una buena tanda de tamales. Salgo a vender todo eso para ganar algo más de dinero. La espalda me duele de vez en cuando. Pero uno no se puede detener. Cuando siento que me canso, me basta con pensar en mis hijos.

Sin embargo, con todo y eso, quisiera ver a mi padre. Desearía verlo una última vez para decirle lo que lo quiero y todo lo que siento. Acompañarlo en su enfermedad, pues. Tengo deseos de abrazarlo, de estar con él.

El carnicero y
el horizonte

«Pasé toda mi adolescencia así, entre
vísceras y sangre. Fue muy bonito, y
hasta la fecha me sigue gustando».

Mi hermano mayor estaba muy chico cuando se lanzó a la aventura. No creo que tuviera más de quince años.
Llegó acá y nos fue trayendo uno por uno. Al inicio trabajó
como lavaplatos, pero no tardó en desempeñar el oficio que los
cuatro traíamos desde México. Allá fuimos carniceros, y eso es
lo que hacemos ahora. Mi padre no tenía nada que ver con la
carnicería, pero como vivíamos con muy poco, a los hermanos
nos tocó trabajar desde muy pequeños. Y fue en una carnicería de un mercado donde se presentó la oportunidad. En ese
mercado había varios locales y los carniceros rápidamente se
ofrecieron para enseñarnos el oficio. Así fue como empezamos

en la actividad que se nos presentó para sobrevivir, y nosotros la aprovechamos.

Muchos podrían pensar que la carnicería es una profesión difícil, pero yo la encuentro muy bonita. Nosotros empezamos desde cero. Sabemos el negocio de principio a fin: desde la limpieza del local hasta destazar cualquier tipo de animal. Hay que ser muy ordenado cuando se trabaja la carne. Eso es lo que da la limpieza, que es lo que el cliente busca. También se debe mostrar naturalidad. Nunca tuve una reacción adversa al ver al animal muerto. Era mi trabajo, pues. Con el tiempo aprendí a aplanar un bistec, a limpiar la carne hasta dejarla perfecta. Pasé toda mi adolescencia así, entre vísceras y sangre. Fue muy bonito, y hasta la fecha me sigue gustando. Porque además puedes estar en contacto con la gente, hablarle de lo que les ofreces y convencerla. Un oficio muy lindo, de verdad.

Cuando llegué aquí, mi hermano me ayudó a conseguir trabajo de carnicero. Bien dicen que zapatero a tus zapatos, y pues... carnicero a la carne. Una vez que tuve un empleo, mi vida se fue desenvolviendo poco a poco. Fuimos aprendiendo la manera de trabajar aquí y al poco tiempo nos buscamos nuestro propio local. Acá en Estados Unidos se vende mucha carne para asar, sobre todo el diezmillo. Es importante aprender qué es lo que le gusta al cliente, porque no es lo mismo que en México. Los gustos son diferentes y los modos también. Hay que ser cuidadoso y sensible. Y así me fui haciendo de una clientela en esta ciudad, que se volvió mi hogar.

Mi nombre es David Martínez. Nací en el estado de Guanajuato, aunque crecí en el Distrito Federal. Mis padres tuvieron doce hijos en total. De esos, cuatro estamos acá en Estados Unidos. Todos los hombres de la familia hicimos el viaje al norte y las mujeres se quedaron en México. Mis hermanas están allá en la capital. Cuando éramos chicos, mi padre trabajaba en una fábrica de mosaico y luego fue estibador de costales de maíz. Se dedicaba a cargar sobre el lomo los bultos de grano que llevaban a los molinos para hacer la masa. Un trabajo muy, pero muy duro. Yo le agradezco mucho que con todo ese esfuerzo me diera una infancia feliz. Mis padres tenían sus problemas, pero nada grave. Ambos nos dieron todo lo que pudieron, y eso se los agradeceré toda la vida. Sin embargo, con el paso de los años, mis hermanos y yo nos dimos cuenta de que el futuro estaba en otra parte.

Lo único difícil para mí es que todo este tiempo mis hijos han estado allá con su mamá. Al principio fue muy duro, pero pues ahora siento que ya me acostumbré. Los extraño mucho, claro. Llevo esa nostalgia dentro de mí. A veces los veo por la computadora, pero no es lo mismo. Hace ya diecisiete años que no los veo cara a cara. Toda una vida sin abrazarlos. El mismo tiempo que tengo sin ver a mi madre. No he podido regresar, porque así es la realidad de los que vivimos acá. Uno puede ir para allá, pero eso sería lo mismo que jugarse el destino en un volado. Volver a mi vida acá sería mucho más peligroso. Claro que uno siempre está con el pensamiento de ir y regresar. Muchas veces me pongo triste y pienso que ya, que no me va a importar nada y me iré a México pase lo que pase. Pero, luego me tranquilizo y pienso que regresar sería muy difícil. Lo que más quisiera es poder ver a mis hijos. Son parte de mí. Y lo que es parte de uno ya no sale de ti, siempre lo traes dentro. Quisiera ver a mi gente y besarla. Quisiera vivir momentos con ellos otra vez. Pero lo cierto es que, por ahora, eso no es posible. Por lo pronto me concentro en el amor que tengo con mi pareja acá y evito pensar en la distancia. A veces mejor trato de no pensar en esa situación. Si lo hiciera, solo le daría paso a la melancolía. Y la melancolía no es buena, pienso yo.

Y ya no era la misma

«Nosotros nos volteábamos a ver nuestros platos
de frijoles y nopales y nos preguntábamos:
"¿Y por qué no podemos ir para allá?"».

Todo el mundo me conoce como Pepe Benítez, aunque mi nombre original es José Benítez García. Adopté ese sobrenombre después de dejar mi carrera de músico, que duró muchos años. Antes era José; ahora simplemente soy Pepe. Nací en el estado de Jalisco, en un lugar que se llama Tamazula de Gordiano. Los recuerdos de mi infancia son lindos, pero también tristes. Siempre estábamos en busca de comida. Así de básica era nuestra vida. Sufríamos de una escasez dolorosa. Lo que hacíamos en mi pueblo era cortar caña, ya que crecimos en una región azucarera. A eso fue que me dediqué primero. Se trata de una labor muy pesada, pero muy bonita, pues el campo es noble y siempre provee.

Además de trabajar en los cañaverales también reuníamos botellas, hierro o cobre de los basureros para vender. Trabajábamos mucho y en lo que fuera. Éramos muy jóvenes y aparte de poder comer teníamos la ilusión de tener dinero para divertirnos aunque fuera un poco. Nuestra meta era juntar suficiente como para ir al cine. Nos encantaba ver películas y escapar un poco de nuestra realidad. Así, en esa lucha, pasé buena parte de mi infancia. Ya un poco más grande, cuando podía aguantar montones de caña sobre la espalda, empecé a trabajar de cargador. Todo el día me lo pasaba con los hombros llenos, de los campos a los contenedores y de regreso, una y otra vez. Gracias a Dios aprendí después a manejar, y entonces me encomendaron llevar los camiones hasta el ingenio. Ese hubiera sido mi destino si no hubiera elegido este camino que me trajo a Estados Unidos.

Mis padres eran gente buena, pero la ignorancia los rebasó. Ninguno sabía leer. Y es que, tristemente, mi padre se entregaba mucho a la bebida y no nos pudo dar lo que necesitábamos. Éramos ocho de familia, muchas bocas que alimentar. Mi padre era músico y tenía mucho talento. Pudo haber llegado muy alto, pero el alcohol lo afectó rápidamente y dejó de trabajar siendo todavía muy joven. Mi madre fue la que nos enseñó a todos a vender y ganarnos la vida. Ella también ayudaba con mucha voluntad. Por ejemplo, a pesar de un cansancio que para mí era muy evidente, mi madre cargaba con una artesa, que es como una mesa con muchos compartimentos. En cada cajoncito tenía algo diferente para ofrecer: pinole, semillas de calabaza, garbanzos. Cada cosita la vendía a cinco o diez centavos, y así iba juntando algo de dinero poco a poco. Ella era una persona muy firme, pero muy noble. Mi padre también, pero siempre estaba muy callado. No era violento ni cariñoso, simplemente vivía encerrado en su cabeza. Ahora creo que el alcohol fue como una prisión íntima, que lo metió en su propio mundo y le echó candado. Nunca supimos de un cariño, de una caricia que viniera de mi padre. Nunca tuvo una palabra linda con sus chavos. Nunca nos dio la bendición ni nos deseó felicidad. Que en paz descanse y espero me perdone por lo que pienso, pero yo le echo la culpa al alcohol y a la propia ignorancia de mi viejo. No supo defenderse ni salir adelante de esa cárcel que el vicio le impuso. En cuanto a sus hijos, fue el hambre la que nos empujó a buscarnos la vida. A mí me llevó hasta Estados Unidos.

Nosotros veíamos que la gente llegaba con carros bonitos, gente de mi pueblo que volvía con cosas lindas e historias todavía mejores. Nos decían que acá había trabajo y una manera de prosperar. Nos enseñaban fotos de más carros, ropa nueva, hamburguesas jugosas. Nosotros nos volteábamos a ver nuestros platos de frijoles y nopales y nos preguntábamos: «¿Y por qué no podemos ir para allá?». Y para allá fuimos. ¿Qué se le va a hacer? Uno siempre va a buscar la vida a donde la vida está. Yo entré por Tijuana a finales del año 1973. Viajé solo. Me acuerdo de que todavía estaba el río y el puente de madera. Por ahí pasaban los carros hacia el otro lado. Tijuana era casi pura tierra, pero desde ahí mismo noté una diferencia. ¡Los carros estaban tan baratos! Que si este por doscientos dólares, este otro por cuatrocientos. Al ver todo aquello pensé que todo en la vida era posible. Me había ido muy ilusionado de mi pueblo, pero también triste. Mi mamá en particular no me quería dejar ir. Me agarraba del cuello y me decía que no me fuera. Todavía puedo oírla diciendo: «¡No te vayas! ¡No te vayas!». Sin embargo, aun así me fui.

Pasarían cinco años para que la viera otra vez. Mi mayor ilusión era estar con mi madre de nuevo y tenía la esperanza de verla igualita a como la dejé. Mi sorpresa más grande fue cuando llegué al aeropuerto de Guadalajara y finalmente la vi. Había cambiado muchísimo. Estaba muy diferente, muy acabada. Parecía una mujer rebasada por la tristeza o la nostalgia, o por alguno de esos sentimientos que consumen. Fue entonces que le pedí a Dios que me diera valor para ir a visitarla cada año. Después de esa fecha, aunque no tenía papeles, cada año fui a ver a mi mamá. Así estuve por más de tres décadas hasta que murió, hace ya siete años. Quiero pensar que fui un buen hijo para ella, a pesar de las dificultades.

Mientras tanto, traté de construir una vida en Estados Unidos. Recuerdo que el primer trabajo que tuve me pareció una broma. Yo estaba acostumbrado a cortar caña, a una pura labor pesada. Y cuando llegué acá a un restaurante a lavar platos, pues se me hizo fácil. Los estadounidenses se quejaban y yo pensaba: «Estos no saben lo que es trabajar de verdad».

Tengo cuatro hijos y una esposa. Todos son estadounidenses. Pero, mis hijos quieren mucho a México. Yo me los llevaba desde muy chicos a visitar a mi mamá. Era un riesgo muy grande, pero creía que esa era la mejor decisión. Nos íbamos a México y luego yo regresaba por el cerro. Me detuvieron varias veces, pero me tocó toparme con gente de inmigración que tenía buenas entrañas, buenos sentimientos. Nunca me trataron mal. Pero ahora sería diferente. Aquellos eran otros tiempos y otros agentes de la patrulla fronteriza, gente mejor que la de ahora. Cuando ya estaba por terminar la década de los ochenta obtuve mis papeles y eso nos dio tranquilidad. Hoy en día me dedico a apoyar talentos artísticos. En mis tiempos fui músico y tuve suerte de que me fuera bien. A lo largo de los años aprendí a tocar varios instrumentos. Veía, preguntaba, y así fui aprendiendo guitarra y bajo. Aquí encontré rápido un grupo para tocar con ellos. Los conocí en una iglesia y formamos un lindo conjunto allá en San Fernando. Nos iba bien, y como todos éramos solteros, todo nuestro dinero iba de vuelta al coro. Fuimos como hermanos por muchos años. Pero todo se acabó una noche en la que nos robaron cada cosa que teníamos. Desde los trajes, los instrumentos... todo se lo llevaron. El trabajo de años, desaparecido para siempre. En minutos, adiós a todo. El golpe fue tan fuerte que decidí dejar la música. Un año entero me alejé. Luego volví, pero ya no fue lo mismo. Ahora solo soy músico cuando sueño. Y con eso me basta. Gracias a Dios y a este país, no tengo de qué quejarme.

De padres desconocidos

···

«A mí no me importa si fui adoptada
o no, ella es mi mamá».

Llegué a Estados Unidos a estudiar inglés cuando
no había ni cumplido la mayoría de edad. Me han dicho que
nací en Acapulco hace alrededor de treinta años. Mi nombre
es Dulce y tengo tres hijos. Antes de llegar acá viví con mi
madre en Ensenada y un tiempo en el Distrito Federal. Después, por ahí a los diecisiete años, decidí venir por un tiempo
y perfeccionar mi inglés. Lo hablaba muy mal y quería superarme. La vida se encargó del resto. Han pasado algunos años
y aquí sigo. Por desgracia, desde que vine para los Estados
Unidos no he podido regresar. Hace muchos años que no veo
a mi mamá. La extraño y pienso mucho en ella, pero mi vida
está acá.

Mis días siempre corren al ritmo de mis hijos. Primero me embaracé de mi niño, Jaziel, que tiene diez años ahora. No sé a dónde se fue su papá, simplemente desapareció. Mi hijo es especial: tiene distrofia muscular de Duchenne. Se encuentra en una silla de ruedas, pero siempre sonríe. Está enfermo, pero siempre muestra un rostro alegre, iluminando a todo aquel que lo mira o saluda. Ese niño es mi ejemplo y mi razón para luchar. ¿Cómo me voy a deprimir cuando él encuentra siempre un motivo para estar feliz? Al papá de las niñas —Dulce y María, de ocho y siete años— lo conocí acá, en el trabajo. Él es de Jalisco. Hasta la fecha seguimos juntos él y yo, sin importar todas las dificultades. Fui muy afortunada al encontrarlo, porque él ha sido un padre para mis tres hijos. Mi vida ha resultado complicada, pero siempre he logrado salir adelante. No pienso que haya otra manera de vivir. Simplemente no me gusta mirar hacia atrás, sino a lo que sigue, a lo que sigue.

Nunca conocí a mis padres. He sabido que mi mamá, la que me trajo al mundo, es de México. De mi padre conozco todavía menos detalles, pero sé que era originario de Jamaica. No sé qué fue de sus vidas ni dónde están ahora. Lo único que tengo muy claro es que se conocieron en Acapulco, un lugar muy bonito. Sin embargo, nunca he sabido quiénes eran, ni sus nombres, ni sus facciones, ni sus ilusiones ni tristezas. Nunca los he visto, ni en una foto siquiera. Es raro no saber cómo es la cara de quien te dio la vida, no saber a quién se parece uno... no saber casi nada. Fui adoptada cuando era apenas una bebé y por eso uno de mis sueños es conocer a mis padres biológicos. Mi mamá adoptiva me cuenta que cuando yo nací, alguien me llevó a sus brazos y le dijo: «Tome, ahí está la niña». Así de claro y así de fácil. Un señor le dijo que podía quedarse conmigo y ella se hizo cargo de mí. Decidió darme un hogar como si fuera su hija. Eso ocurrió ahí mismo en Acapulco. Mi mamá adoptiva es del Distrito Federal, a donde me llevó un tiempo. Luego nos fuimos a Ensenada, Baja California. Siempre le estaré agradecida por tanto que me quiso y tanto que me dio.

Claro está que a mí me haría feliz poder conocer a mis verdaderos padres. Muchas veces le pregunté a mi mamá qué fue de mi madre biológica, pero ella caía en contradicciones. Me decía que no sabía dónde estaba, que no lo sabía realmente. Pero, a veces dudaba, como si guardara un secreto. Si yo pudiera conocerlos, lo primero que haría sería darles las gracias. Les agradecería por dejarme con la señora que hoy es mi mamá. Ella fue la mejor madre y siempre ha sido un apoyo en mi vida. Desde que estaba chiquita lo fue todo para mí y yo todo para ella. A mí no me importa si fui adoptada o no, ella es mi mamá. Aun así, quisiera conocer a mis padres verdaderos para decirles que les agradezco mucho. En un principio quería gritarle a mi mamá biológica que la odiaba, preguntarle por qué me dejó, por qué no me quiso. Sin embargo, cuando tuve a mis propios hijos me di cuenta de que era mejor darle las gracias. Tratar de entender y perdonar. A lo mejor no podía cuidarme. A lo mejor no tenía los recursos. No sé... Pero mientras espero a ver si eso sucede tengo a mi madre adoptiva, que es mi mamá. Apenas puedo creer que hace diez años que no la veo. No conoce a sus nietos más que en fotos. Si pudiera verla le diría que la quiero mucho. Le diría que la he extrañado demasiado. Y la vería abrazar a mis hijos. Ojalá pronto se pueda...

Juro que no
he bebido

....

«Tengo veinte años o más sin tomar un solo trago, aunque me digan lo que me digan».

Me llamo Bernardo Núñez y soy de Temascalsingo, entre Maravatío y Atlacomulco, en el estado de México. De en medio de esas dos partes, de ahí soy. Nací hace más de cincuenta años. Tuve tres hermanos y cuatro hermanas, creo, porque ya no recuerdo bien.

Ya no tengo papá ni mamá. Se murieron hace tiempo. Cuando yo era niño, mi padre se dedicaba a cargar materiales de construcción. Era «materialista», según les llaman. Yo también adopté ese oficio cuando niño y adolescente, pero luego vine para acá. Mi padre era un hombre muy trabajador. Se murió porque estaba malo de los riñones, apenas a los sesenta y seis años de edad. Un día fue a hacerse la diálisis y ya no volvió.

Mi mamá tenía la misma edad que mi padre, pero ella sí vivió algunos años más.

Muchos días no teníamos qué comer, y fue por eso que nosotros los hijos también nos echábamos algún material al hombro y salíamos a ganarnos unos pesos. Cargábamos piedras, arena y lo que fuera. Con eso llevábamos dinero a la casa, pero no pude seguir estudiando. Llegué hasta el sexto año de primaria y luego me tuve que dedicar en cuerpo y alma al trabajo. No había de otra, aunque quisiera. Esas fueron las cartas que me dio la vida y no tiene caso quejarse. Tiempo después, ahí mismo en el pueblo, conocí a la que iba a ser mi esposa. Durante un rato tuvimos un buen amor. Nos casamos y procreamos nueve hijos. En esos primeros años me dediqué a una sola cosa: seguir cargando material. Lo que se pudiera y a todas horas: grava de los ríos o tierra para rellenar. Lo hacía de sol a sol, a pala, pico y cubeta, todo para mantener a mi gente. Por las noches llegaba a mi cama y sentía que la espalda se me iba a quebrar. Con todo, ya para entonces eran muchas bocas y con lo que había allá era imposible alimentarlas. Por eso es que vine para Estados Unidos.

Una persona conocida me dijo que tomara mis cosas y me buscara la vida en el norte. De eso hace ya diez años. Entré por Altar, Sonora, y luego por Sásabe, allá en Arizona. La primera vez me perdí y nos detuvo la migra. Recuerdo haber sentido una frustración muy grande y mucha angustia. Sin embargo, en la segunda oportunidad ya tuve suerte y logré llegar bien. Desde entonces no he vuelto a México, por temor a lo difícil que sería tratar de regresar para Estados Unidos.

Es una sensación fea eso de sentirse perseguido en el desierto. No quise vivirlo otra vez, así que no he vuelto a mi tierra. Acá me encontré con tres de mis hijos. Ellos ya están grandes y han hecho su propio dinero. Son cocineros y así juntaron un pequeño capital para mantener a los suyos. Yo pensé que sería un reencuentro bonito, pero la verdad no fue así. Ya están dedicados por completo a su vida y ni lo conocen a uno bien. El tiempo tampoco ayuda. Fueron muchos años separados y la gente cambia. Al final se olvidan de uno. Nada es igual, pues.

Me costó mucho empeño sacudirme esa desilusión, pero lo logré trabajando. Al principio me dediqué a cargar y descargar tráileres, y luego me puse a vender paletas. Ahora trabajo con unos chinos en un restaurante. Lo mío por ahora es lavar platos solamente. A veces me dejan hacer una que otra ensalada y poco a poco he ido aprendiendo ese oficio. Pero sobre todo soy lavaplatos, y eso he sido desde hace años. Un día tras otro, el jabón y los platos. Y al día siguiente lo mismo.

Todo el tiempo que he estado acá he mandado dinero. Siempre he enviado lo que me correspondía. En mi vida ya no hay vicios, solo esfuerzo y sudor, porque ya dejé la bebida. Por desgracia, durante un buen tiempo de mi juventud me dominó el alcohol. Me agarró como un perro y no me quería soltar. Me hizo daño. Ya me estaba muriendo. Por eso fui a los Alcohólicos Anónimos y logré dejar de tomar. Tengo veinte años o más sin tomar un solo trago, aunque me digan lo que me digan. Y es que le tengo miedo al alcohol, pues hay gente que se muere de eso, y yo por ahora no me quiero morir.

Han sido años de mucho esfuerzo y trabajo. Pero, la vida a veces no sabe pagar. Hace unos días me enteré de que todo lo que mandé se esfumó, así como si nada. No tengo en qué caerme muerto. Pero nada de nada. Todo lo que se compró allá está a nombre de mi señora y ella se fue con otro hombre. Hace poco me habló y me dio la noticia. Me dijo que ya no tengo nada, que ella se quedó con todo. Hasta con los terrenos que yo tenía. No tengo acceso a nada: ni a un pedazo de tierra ni a un centavo del dinero que trabajé para ellos y mandé a México mes a mes. Ahora lo que quiero es encontrar recibos para demostrar que estos años sí les envié dinero. Quizá demostrando todo lo que envié pueda recuperar algo mediante la ley. Pero no tengo mucha esperanza. Parece que la señora quiere perjudicar hasta a nuestros hijos. Voy para sesenta años de edad y me encuentro en esta situación. Yo ya ni sé qué sentir. Sin embargo, ¿para qué se queja uno? Ya me pasó lo que me pasó, y como ella dice que han sido diez años de abandono, pues parece que la ley no está de mi lado. Pero yo juro que no abandoné a nadie. Mes tras mes les mandaba dinero. Acá no tengo nada, no tengo otra mujer ni nada. Hoy por hoy no tengo más que lo que traigo puesto. Estoy en cero. Ahora lo único que me queda es hacer dinero acá para sobrevivir. Pero algo sí tengo muy claro: ya no les voy a mandar ni un cinco. Mi último muchacho tiene quince años y yo creo que ya puede trabajar. Por eso ya no les voy a mandar nada. Aunque no sé ni qué hacer. Quizá me estoy equivocando...

«Sal si puedes»

*«Juntábamos monedas para una
caguama y nos íbamos a esa cantina.
Nunca, nunca se me va a olvidar».*

En el estado de Michoacán está Cherán, el pueblo donde nació mi padre, y cuyo nombre en purépecha quiere decir «lugar de brujos». Yo, Baldomero Capiz, nací en Uruapan, hasta donde mi padre emprendió rumbo siendo todavía un muchacho. Creo que se fue hacia la ciudad porque tenía ambiciones en la vida. Quería salir de su lugar de origen y conocer a una mujer con la cual formar una familia. En Cherán es habitual que los miembros de las comunidades se casen entre sí, y pienso que mi padre quería un destino diferente, alejado de las costumbres autóctonas, los usos y las costumbres de aquel «lugar de brujos». Por eso es que terminó en Uruapan. Y la apuesta le salió bien, porque al poco tiempo se hizo novio de mi madre, originaria de un lugar llamado Nueva

Italia, muy cerca de Morelia, la capital de Michoacán. Ahí se conocieron y se casaron.

Mi padre tuvo varios oficios, pero al final se terminó dedicando a la fabricación de zapatos a la medida. Eso es lo que yo recuerdo. Mi infancia al lado de mis padres estuvo llena de satisfacciones. Durante un tiempo tuvimos un vínculo familiar muy firme, pero por supuesto enfrentamos carencias. La más grande tuvo que ver con la educación. Nos faltó mucho por aprender. Al final, eso también les pesó a mis padres. La vida los sorprendió con sus tensiones y tal cosa provocó que se separaran. Algunos nos fuimos con mi padre y el resto permaneció con mi madre en Michoacán. Una separación de este tipo marca la vida de uno. Es inevitable que así sea, porque la distancia muchas veces lastima.

Nosotros nos fuimos al estado de Sonora. Yo llegué de apenas cinco años de edad. Fue un cambio radical para mí. Lo primero que recuerdo es el cambio en el clima. Venía de un lugar frío y lleno de agua, y me llevaron a un lugar seco y caluroso como pocos. Pero, eso te va reafirmando y moldeando. Fue una época muy difícil. A veces me pongo a pensar en el tiempo que pasó para ver de nuevo a mi madre y me gana la tristeza. ¡Seis años antes de poder mirarla a los ojos otra vez! Eso para un niño tan chico es una eternidad. La extrañé mucho todo ese tiempo. Mi padre había intentado hacer el papel de la mamá, pero tal cosa era y es imposible. La madre es la madre, y yo sufría ese vacío. La madre representa el sentimiento y el cariño, mientras que el padre siempre es más estricto.

Después de algún tiempo, cuando ya crecimos, nos empezó a entrar curiosidad y deseos de venir a Estados Unidos. Resulta que teníamos unos conocidos que iban y venían. Los veíamos en la vecindad y los escuchábamos platicar de ir al otro lado. Así fue naciendo mi inquietud. Por eso y también debido al hecho de que mi padre había sido bracero en los años en los que estuvo casado con mi madre. A él yo lo admiraba muchísimo, aunque tampoco ignoro que esa vida fue la que terminó costándole su matrimonio. Estar casado con un hombre que va y viene todo el año debe ser muy doloroso, y mi madre no aguantó. Y no la culpo de nada. Después, mi padre murió, mi madre se mudó a Mexicali, y nosotros empezamos a considerar ir a buscar un mejor destino a Estados Unidos. Una de mis hermanas fue la primera en tomar la decisión de emigrar. Vino aquí a trabajar y buscarse la vida. Eso fue alrededor de 1965. Ella vino primero y de ahí empezó a llamarnos a nosotros. Yo fui el primero que llegué siguiéndole los pasos. En aquel tiempo nos dedicábamos a todos los trabajos pesados del campo. La pizca del algodón o de lo que fuera; el chiste era trabajar. La primera vez que intenté entrar a Estados Unidos lo hice por Tijuana, acompañado de un familiar cercano de uno de nuestros vecinos. Si la memoria no me falla, era un hombre que había llegado desde Querétaro. Intentamos hacerlo por la playa, pero para mi desgracia me detuvieron. Él logró escapar y colarse, en cambio, yo no tuve tanta fortuna. De un día para otro me encontré de vuelta en Mexicali, completamente solo. Tuve éxito algún tiempo después. Pero el camino fue largo y duro.

A mí me agarraron diecisiete veces, un día tras otro. El esfuerzo del corazón era muy grande y la tristeza también. La frustración se va acumulando aunque uno no la sienta. Recuerdo que después de cada intento fallido, unos compañeros y yo siempre terminábamos en una cantina que se llamaba «Sal si puedes». Cada vez que nos agarraban, la migra nos aventaba por Tijuana y no teníamos a donde ir. Dos o tres nos reuníamos y nos acompañábamos. ¿Qué hacíamos? Juntábamos monedas para una caguama y nos íbamos a esta cantina. Nunca, nunca se me va a olvidar. Es más, cuando pienso en eso me dan ganas de llorar. Pasábamos ahí toda la noche, hasta que amanecía. Y con el sol nos poníamos de pie y nos íbamos a perseguir la ilusión. Al siguiente día lo intentábamos de nuevo. Yo no lo conseguí hasta la decimoctava vez. Y logré ingresar porque era un grupo como de cincuenta personas y atrás venía otro mucho más grande, como de doscientos refugiados de la guerra en El Salvador. Se oía como una manada de caballos. El coyote nos dijo: «Hay que esperar a que pasen ellos y nosotros nos vamos justo detrás». Y así lo hicimos. Aquella multitud trataba de avanzar por un puente allá por Chula Vista. ¡Y ahí estaba la migra! Los oficiales se fueron con el montón. Y era tanta gente que no se daban abasto. En la confusión, nuestro grupo logró escabullirse. Fuimos a otro puente cerca de ahí, comimos y luego llegaron por nosotros para llevarnos en una lancha que estaba siendo remolcada por una camioneta. Íbamos como sesenta adentro de esa lanchita. El viaje terminó en Lemoore, cerca de Fresno. Ahí fue el primer lugar donde pude caminar con tranquilidad.

Me acuerdo que en Salinas, después de la pizca de la uva, los muchachos decían: «Vámonos a Los Ángeles». Y a mí eso me sonaba imposible. Nunca hubiera pensado en conocer ese lugar. Me sorprendía el efecto que tenía la gran ciudad con luces por todos lados, algo fantástico. Éramos muy jóvenes. Yo duré poco tiempo en esa primera estancia, porque tenía a mi esposa y mis hijos esperándome en Mexicali. Regresé para allá y vi a mi señora y a mi mamá, que estaba también allí. Fui muy feliz al verlos a todos, pero en la cabeza seguían dándome vueltas las imágenes de Los Ángeles. Me quedé tan impresionado que lo único que quería era regresar para tratar de ganarme la vida acá. Y así lo hice. Después de una experiencia muy difícil en la que nos quedamos sin guía, perdidos por dos semanas en la sierra, finalmente logramos ingresar. Y así estuve por muchos, muchos años. En un momento dado intenté traer a mis hijos, pero no les gustó, no se adaptaron. En cuanto a mí, pues las circunstancias terminaron por rebasarme. Me pasó algo muy parecido a lo que le sucedió a mi padre. Como me pasé media vida yendo y viniendo de México a Estados Unidos, perdí mi matrimonio. Mis hijos ya estaban grandes y decidimos divorciarnos, tal y como habían hecho mis padres y por las mismas razones. Es inevitable pensar que a la historia a veces le da por repetirse. Al final encontré una pareja acá e hicimos vida juntos.

Este país ha sido bueno conmigo, aunque siempre hay que señalar también las injusticias que aquí se cometen. Por ejemplo, no se reconoce la labor de los trabajadores, sobre todo los del campo. Hay mucha explotación, lo cual es muy grave. He dedicado muchos años a luchar por los derechos de los braceros. Aquella generación de mediados del siglo pasado que le dio tanto a Estados Unidos y también a México es la de mi padre y mis tíos. El suyo es un legado histórico que hay que respetar. Solo el que ha trabajado en el campo conoce la injusticia y la explotación. Mi familia lo hizo y yo lo hice. Y por eso he seguido peleando. Y seguiré. Al final del túnel ya puedo ver la luz, siempre es posible ver la luz.

Ir para volver

*«Tengo muy bonitos recuerdos de México, pero
solo son eso, recuerdos. Allá no tengo a nadie».*

Todos me conocen como Juanita, pero en realidad me llamo Juana Gómez. Nací aquí en Los Ángeles, en 1970. Mi padre emigró muy joven desde Jalisco, tenía cerca de dieciocho años. Mi madre lo hizo un poco más grande, a los veintiún años de edad. Se conocieron acá y tuvieron un varón y cuatro mujeres, de las cuales yo soy la mayor. Crecimos en el este de Los Ángeles hasta que cumplí siete años. Fue entonces que mi padre tomó la decisión de vender la casa y volver a México. Tenía mucho miedo de que si crecíamos acá nos termináramos convirtiendo en «cholas» o algo peor. Yo estaba en segundo grado apenas y no tengo recuerdos de cómo eran las pandillas en aquel entonces, pero mi madre siempre nos dijo que toda la situación estaba muy fea. Nos decía que fueron años muy violentos en esta ciudad y que por eso mi padre prefirió llevarnos de vuelta a su país.

Fuimos a vivir a un rancho. Resultó un cambio muy, pero muy drástico. A diferencia de la enorme ciudad de donde veníamos, aquel era un lugar muy pequeño en el que toda la gente se conocía. Toda la familia de mi papá estaba allá, así que crecí al lado de mi abuela, mis tíos y primos. Quizá por toda esa compañía es que logramos adaptarnos más fácilmente, aunque mis primeros recuerdos de ese México no son tan agradables. Me acuerdo que estaba lleno de tierra y había animales sueltos por todos lados. Las condiciones de vida eran tristes, con mucha más pobreza que en California. Quizá por eso mi madre siempre trató de educarnos como si todavía viviéramos en Estados Unidos. Insistió en llevarnos a una escuela privada a fin de que tuviéramos la mejor enseñanza posible en circunstancias que no eran para nada sencillas.

Allá en México mi padre se dedicó a la agricultura y la ganadería. Estuvo un tiempo con nosotros en el rancho y luego volvió a irse para ganar algo de dinero y mantenernos. Pasaba temporadas enteras en los Estados Unidos, lejos de nosotros, haciendo vida de inmigrante. A mí me hacía falta mi padre, pero no tanto como para sufrir por su ausencia. Mi madre hacía el papel de ambos. Era papá y mamá a la vez para todos nosotros. Fue y sigue siendo una gran mujer. Yo incluso diría que es una persona espectacular. Ella nos sacó adelante estando casi sola todo el tiempo. Debe haber sido muy difícil para mi madre irse a vivir a un lugar que desconocía totalmente, con personas a las que también desconocía por completo. No había seguridad ni tenía un hombre que la protegiera. Así de difícil era la vida para ella, y contra todo eso tuvo que luchar. Y salió triunfante, criando a sus cinco hijos. La vida se complicó conforme el matrimonio de mis padres se fue deteriorando. Los años no pasan en balde, y mi padre terminó involucrándose en otra relación aquí en Estados Unidos. Entonces mi madre tomó una decisión que a mí me asombra hasta el día de hoy.

En lugar de quedarse callada en el rancho, en vez de dejar que mi padre hiciera lo que quisiera con su vida, mi madre prefirió agarrarnos a todos y traernos de regreso a este país. Lo hizo inspirada mucho más por la fuerza y el empuje que por el despecho. Mientras mi mamá estaba en pie de guerra, yo trataba de digerir la situación. Y me costó mucho trabajo. Para mí fue muy doloroso enterarme de la verdad sobre mi padre. Para una hija es muy duro que la imagen de ídolo o héroe que tiene de su papá sea derribada. Y todo se puso mucho peor cuando mi madre decidió que regresaríamos a Los Ángeles. A esa edad, siendo ya una señorita, venir a vivir a un país que para mí ya era extraño resultó todo un reto.

Tuve que sobrellevar tres cosas: dejar México, la decepción que me causó mi padre y el regreso a Estados Unidos. En México dejamos amistades y primeros amores. Como era de esperarse, al llegar a Los Ángeles me sentí como una extraña. A pesar de tener familia aquí, simplemente no encontraba mi lugar. El idioma era desconocido casi por completo. La ciudad también. Todo era una incógnita para nosotros. Sin embargo, acepté ese cambio de vida para apoyar a mi madre, que siempre ha merecido el mayor de los respetos. Después de que se reencontraron acá, mi madre decidió darle una nueva oportunidad a mi papá, pero esa relación ya estaba destinada al fracaso y la segunda separación fue la definitiva. Por fortuna, para ese entonces mis hermanos y yo ya habíamos echado raíces aquí de nuevo.

Aprovechamos que éramos estadounidenses de nacimiento y encontramos empleos. La adaptación fue muy difícil al principio. Una de mis hermanas y yo trabajábamos muy duro para ayudar a mi mamá con los gastos. A los dieciocho años logré entrar a trabajar a la Universidad del Sur de California y desde entonces estoy ahí. Ya estando en este país formé una familia con mi novio de México. Él era mi novio desde que yo estaba en Jalisco y nos reencontramos aquí. Tenemos tres hermosos hijos. Muchas veces me pregunto dónde están mis sentimientos más profundos, si en México o en Estados Unidos. Y es difícil hallar una respuesta, porque tengo muy bonitos recuerdos de México, pero solo son eso, recuerdos. Allá no tengo a nadie. No hay nada más allá. Mientras tanto, acá he hecho una familia. Acá están mi mamá y mis hermanas. Acá está mi base. Por eso es que me siento más cerca de este país. Para mí, la patria está donde está la familia.

Mi padre, mientras tanto, decidió retirarse y se fue a Guatemala. Su pareja es guatemalteca, una mujer bastante joven. Lleva años viviendo allá. Aunque a veces hablamos con él, lo vemos muy poco. Me consuela saber que es feliz con el camino que escogió. Y pues, ni hablar, la vida sigue.

Un corazón roto

*«En ningún lugar he visto tanta
gente drogadicta»*.

Mi padre trabajó durante un cuarto de siglo haciendo moldes para suelas en una empresa llamada Calzado Canadá. Consagró a eso prácticamente toda su vida profesional. Mi madre, mientras tanto, se dedicaba al hogar. Me llamo Samuel Díaz y soy de Guadalajara, Jalisco. Tengo veintiocho años y tres hermanas y dos hermanos. Todos crecimos en Guadalajara, disfrutando de lo que fue una infancia tranquila y buena. Aquella es una ciudad muy bonita para vivir. Tengo la fortuna de conocer muchos otros lugares de México, pero Guadalajara es la ciudad que más me gusta.

Tuve también la suerte de que mi padre nos garantizara una educación a todos sus hijos. Yo incluso llegué a estudiar una licenciatura. En cierto sentido tenía la vida hecha. Poseía una formación académica y pude encontrar trabajo desde chico.

Durante doce años trabajé en una compañía que se dedicaba a la aeronáutica. Manufacturaba equipo para las torres de telecomunicaciones y lámparas para las pistas de aterrizaje de los aeropuertos. Era un empleo estable que me daba un ingreso digno. Si uno lo piensa bien, las posibilidades de que dejara mi país eran muy pocas. Sin embargo, luego me ocurrieron algunos descalabros que no esperaba.

Un buen día me harté de mi trabajo, simplemente me enfadó la rutina y un hermano y un tío que tengo me animaron a venir para acá. Ellos ya estaban viviendo en Estados Unidos. Mi hermano me dijo que viniera para quitarme la espinita de lo que sería vivir en este país. Ocurre que el proyecto de emigrar era una idea que yo traía en la cabeza desde años antes. Tampoco es nada nuevo. Creo que a muchos jóvenes de mi edad se les ocurre, sobre todo en México. Yo sentía que me debía la oportunidad de intentarlo, de tratar de cumplir ese anhelo. Ya había hecho el intento en el 2007 y no me quise quedar. Vine de turista a San Diego y por un momento consideré ignorar la fecha de caducidad de mi visa, pero regresé para concluir mis estudios. Así que años más tarde no lo pensé dos veces y me lancé a la aventura de conquistar aunque fuera un poco este enorme lugar.

Otro factor que me ayudó a animarme fue una separación amorosa muy difícil por la que atravesé. Me casé con una muchacha de Chicago a la que quise mucho. Ella es estadounidense. Vivimos juntos en Guadalajara, pero luego la vida nos separó. El dolor del rompimiento no me dejaba pensar ni disfrutar nada. Me di cuenta muy rápido de que tenía que darle un giro a mi rutina. Necesitaba cambiar de aires, como se dice comúnmente. Por eso decidí venir a California. Pensaba que a mi mamá le iba a doler más que me fuera, pero creo que al final a mi padre le afectó mucho peor. Me han platicado que habla de mí, que me menciona y pregunta por mí.

Tengo acá tres años y puedo decir que he experimentado un cambio muy grande. Mi hermano vive no muy lejos de mí, pero lo veo apenas una vez al mes. No dependemos el uno del otro en ningún sentido. A diferencia de lo que me pasaba en Guadalajara, la vida acá gira en torno al trabajo. Allá había más tiempo para las distracciones; aquí de pronto cuesta trabajo encontrar amistades. La gente en Estados Unidos compite más y colabora menos, o por lo menos esa ha sido mi experiencia. Todo acá me parece nuevo, aunque algunas cosas sean nuevas para mal. A veces me sorprende, por ejemplo, la ignorancia de la gente. Me gustaría que estuviéramos más y mejor informados para que los políticos no nos vieran cara de tontos. La gente acá vive en una burbuja que no los deja crecer ni fortalecerse. Eso se tiene que acabar si es que queremos progresar de verdad. Tengo claro que tarde o temprano regresaré a México. No me gustaría que mis hijos, cuando los tenga, crecieran en este país. Creo que hay más valores en Guadalajara que aquí. Económicamente, es mejor acá, pero otras cosas están muy mal. Por ejemplo, puedo decir con toda certeza que en ningún lugar he visto tanta gente drogadicta. Hay mucha droga en Estados Unidos. En México podrá haber mucha violencia, pero el consumo de droga aquí es algo impresionante. Por lo pronto sigo acá haciendo la lucha. De mi mujer ya no sé gran cosa. Solo me enteré de que volvió a Chicago y está allá. Aun así, con todo lo que ha pasado, no tengo dudas de que me casaría con ella de nuevo si pudiera. Escogería exactamente a la misma mujer, aunque el final volviera a ser amargo. ¿Qué puedo decir? La quise mucho.

Este país nos unió, este país nos separó

«No me arrepiento de nada, porque
este país ha sido muy bueno conmigo.
Demasiado bueno, diría yo».

Muy cerca del puerto de Lázaro Cárdenas está La Mira, en Michoacán. Me llamo Eloísa Favela y nací allí, en la costa del Pacífico, casi en la frontera con Guerrero. Toda mi infancia crecí en Michoacán. Lo que más recuerdo son los juegos, las experiencias con las personas, la convivencia con la gente. Todas son cosas que jamás van a regresar.

Algo que aprendí de mis padres es a respetar a mis mayores. Ellos nos decían que no nos metiéramos en las conversaciones de los adultos. Otra vecina de ahí me enseñó muchas cosas también. Ella me peinaba mucho, era como parte de nuestra familia. La recuerdo muy bien. Se llamaba Doña Elpidia. Mi mamá tenía su propio negocio de venta de leche. Y cuando se iba a trabajar, pues nos quedábamos con Doña Elpidia. Yo le pedía que me peinara despacito, ya que me gustaba la sensación del cepillo corriendo por mi cabello. Y ella me decía que sí. «Vente, vente», me llamaba. Era una mujer muy cariñosa conmigo. Años después tuvo que irse de Michoacán por toda la violencia. Se retiró de allí y no supe más de ella. Sin embargo, la recuerdo con profundo afecto y muchas veces me pregunto dónde estará y si su vida tuvo un feliz destino. Espero que sí.

Algo que se me ha quedado en la memoria desde siempre es el trato de la gente. Es muy diferente a lo que se vive acá. Allá son muy humildes, e incluso diría que carismáticos. Nos quitamos el pan de la boca para dárselo a los demás. Ahora uno nunca ve un gesto de ese estilo. Eso ya no existe más, y mucho menos acá. En Estados Unidos la filosofía de la vida es muy diferente: las personas no piensan en los demás, sino en ellas mismas. También allá en Michoacán tuve algunos amigos. La verdad no muchos, porque mis hermanos eran muy celosos. Pero claro que tuve buenas amistades, sobre todo señoras mayores, como Doña Elpidia.

Decidí venir a Estados Unidos porque acá vivían tres de mis hermanos y yo quería progresar. Deseaba salir adelante y sobre todo demostrarle a mis padres que podía hacerlo sola. En la secundaria me encantaba el inglés, pero siempre he sabido que jamás lo voy a hablar igual que los de acá. Pero, cuando llegué lo hice sin nada, y sin hablar casi inglés. No terminé mi carrera. Vine así, dejando muchas cosas, pero buscando muchas más. No me arrepiento de nada, porque este país ha sido muy bueno conmigo. Demasiado bueno, diría yo. Ahora, con la violencia que hay exactamente en el lugar de donde yo soy, pues me da mucho miedo. No regresaría. Me angustia la idea de regresar. Acá vivo en paz. Y es que este país, así como te quita mucho tiempo, ya que la vida se va más rápido acá, es también un país que te da la oportunidad de sobresalir. Económicamente puedes hacer cosas que en tu país no podrías hacer. Estoy joven todavía, pero tengo cuatro hermosos hijos. Dos mujeres y dos hombres. El mayor ya tiene casi quince años, la edad que yo tenía cuando vine a este país. La más pequeñita es mi Estrella, una niña tierna y linda de siete años. Los estoy criando yo sola, con todo lo que eso implica.

Me duele decirlo, pero el padre de mis hijos hizo cosas que nos separaron. Estuvo en la cárcel y después, por la política de Obama de Comunidades Seguras, lo deportaron. Desgraciadamente, le tocó. Él fue deportado y me tuve que quedar con nuestros hijos. Aquí sola, con cuatro hijos y la ayuda de Dios. Mis hijos siguen en contacto con su papá y yo también hablo con él a veces. Tengo que hacerlo, porque nunca dejará de ser el padre de mis hijos. Sin embargo, no me ayuda en nada. Él salió sin nada de acá y pues no me apoya. Apenas ahora está empezando a construir algo en México, pero se tardará años. Aunque quisiera, no me puede apoyar. Aun así, él quiere volver, por sus hijos y por nosotros. Me parece que ahora está viviendo en Tijuana. A lo mejor un día regresa. Mientras tanto yo estoy aprendiendo a hacer algo que siempre me ha gustado. Hace poco empecé como asistente haciendo fotografías y vídeos. Comencé de vendedora en esa empresa, pero ahora ya me están dando la oportunidad de fotografiar y grabar yo misma. Me gusta mucho eso. Si tuviera que decir si soy una mujer feliz, creo que diría que sí, pero con sus momentos agridulces. Así como este país me dio la felicidad de encontrar a una persona con la que me casé y tuve a mis hijos, pues desgraciadamente también este país nos separó. Y mis hijos han quedado marcados por eso. A final de cuentas, ellos son los que han sufrido mucho más la separación de su papá. Uno como adulto puede sobrellevar muchas situaciones, pero mis hijos no entienden la distancia. Yo les digo que su papá hizo cosas que no debía y que una de las consecuencias es estar separado de nosotros. Aun así, ellos no lo comprenden. Piensan que los policías son malos y que su papá no debería estar lejos. Lo único que puedo decirles es que le pidamos a Dios para que nos permita volver a estar unidos otra vez. Juntos, como la familia que somos.

El hijo del matancero

··

«Durante muchos años, mi padre
fue un extraño para mí».

Mi nombre es Mario Granados. Nací en Pachuca, Hidalgo hace 38 años. La mía es una historia larga y realmente triste. De pequeño sufrí mucho por culpa de mi padre. Maltrataba mucho a mi madre y aterrorizaba a mis ocho hermanos y a mí sin razón alguna. Mi madre era ama de casa pero cuando era temporada de trabajar el campo también lo hacía. No conocía el descanso ni el sosiego. La misión de su vida siempre fue no solo proveer para nosotros sino también protegernos, porque con mi padre era imposible saber cuándo iba a comenzar la avalancha de gritos y violencia. Ella era nuestra fortaleza y, en el fondo, nuestra gran fuente de esperanza. Mi padre era matancero. Iba a los lugares donde había celebraciones y ahí mataba al animal que se iba a consumir durante la fiesta: quince años, bodas, casamientos. Era el encargado de acabar con la vida del animal, limpiarlo y presentarlo para su consumo. Yo a veces pienso que ese oficio también le afectó. Alguien que quita la vida no puede vivir en paz.

Mi padre tuvo muchos problemas con el alcohol. En mis recuerdos están muchos momentos en que lo vi usar las herramientas de su trabajo, esos cuchillos largos y bien afilados, para agredir a mi madre. Todo eso hizo que yo le perdiera el respeto por completo. Es muy difícil respetar a alguien que se deja llevar por la furia, y mucho más difícil tratar de quererlo. Durante muchos años, mi padre fue un extraño para mí. Mi madre, en cambio, era lo opuesto. Ella era el centro de mi vida. Fue mi madre quien nos sacó adelante. Aunque no seamos triunfadores, sí somos gente honesta y trabajadora y eso se lo debemos por completo a ella. Antes que nada, mi madre me enseñó la importancia de evitar las tentaciones que pudieran involucrarnos en líos. Nos dijo que había que ser discretos y entregarnos al trabajo y la familia. Y eso hicimos todos desde que éramos muy niños.

Yo dejé Pachuca a los trece años. Abandoné la escuela y me fui a la ciudad de México para poder ayudarle a mi madre. No tuve mucho estudio. Tengo una pequeña carrera pero solo porque yo hice el esfuerzo de trabajar y estudiar, con el afán de superarme. En aquel tiempo de la adolescencia tuve que conformarme con un trabajo muy peligroso para mí. Lavaba vidrios en los edificios más altos de la capital de México. Nunca me dieron miedo las alturas pero si mi madre me hubiera visto estoy seguro de que me hubiera obligado a bajar. Por desgracia no había de otra. Yo no trabajaba en eso porque me gustara, lo hacía por necesidad. En la ciudad de México vivía con un hermano que tenía un empleo bueno y estable y también ayudaba a la familia. Estuve con él seis años hasta que encontré una pareja y me casé. Fueron buenos años aquellos porque me ayudaron a crear una fuente de ingreso más para mi madre, que era lo más importante que teníamos, en lo personal y hasta en lo moral.

Por aquel tiempo surgió la oportunidad de venir a Estados Unidos. Uno de mis primos me ayudó a venir. Yo necesitaba dar un paso más para sacar a mi madre de la casa tan humilde en la que había vivido y en la que había tenido que aguantar la violencia de aquellos primeros tiempos de la familia. Quería que se diera el gusto de ser libre. Por eso viajé a Estados Unidos.

Tengo catorce años en California. Primero llegué yo y luego me traje a mi esposa. Los niños que tenemos nacieron en tierra estadounidense. Hemos tratado de llevar la vida tranquila en este país porque si cometes un error entonces el sueño se acaba en un abrir y cerrar de ojos. Yo lo he visto con amistades mías: hoy están aquí haciendo vida normal y mañana se esfumaron, todo derrumbado por un error o un descuido. Y el sueño que se acaba no solo es el nuestro, también es el de los niños. Si a uno lo deportan, la vida de los hijos cambia para siempre. Yo logré pasar desapercibido durante muchos años. Trabajé con sigilo y ahínco, nunca metiéndome en aprieto alguno. Pero todo eso cambió el día del choque.

Llevo dos años sin poder trabajar. A veces no quisiera recordar el porqué. Iba yo manejando mi camioneta y lamentablemente una patrulla se pasó el semáforo en rojo. Quedé inconsciente por un tiempo. Me tuvieron en observación en el hospital por varios días. Cuando salí estuve en silla de ruedas y luego en muletas, haciéndome de confianza para poder andar. Después terminé en andadera. Pero mi cuerpo no quería recuperar la fuerza. Me sentía como hecho de trapo. Mi espalda estaba muy mal. En una visita al médico me informaron que debía operarme la columna. Lo pensé mucho porque me daba miedo. Me decidí a hacerlo cuando me di cuenta de que había movimientos que ya no podía realizar. Me costaba trabajo agacharme, me cansaba muy rápido y no podía jugar con mis hijos. Eso no era vida. Al principio, la policía no quería ayudarme con los gastos y empezó a atosigarme. Que si yo usaba droga, que si esto o que si lo otro. Me investigaron mucho tiempo. Al final no encontraron nada porque yo soy un hombre limpio que siempre ha estado bien en este país. Después de un tiempo de luchar el estado me concedió mi voluntad de operarme. A veces no puedo comprender cómo es que me recuperé tan rápido después de que me abrieron los médicos. Gracias a Dios, en un mes ya estaba yo de pie. Fue un milagro.

Dentro de todo, este país ha sido bueno conmigo. Este lugar da oportunidades. Si las sabemos aprovechar, todo funciona. Mis hijos se sienten muy americanos. Yo les digo que viajen a México a ver a sus abuelos pero no quieren. Mi madre, por ejemplo, vive. Mis hermanos y yo le dimos la casa que siempre quiso tener, pero ella no ha querido mudarse. Sigue viviendo en el mismo lugar de nuestra infancia. Tiene su casa grande pero no quiere irse para allá. Mi padre vive también. Yo creo que en sus últimos años él se ha dado cuenta de toda la vida mala que nos dio y ahora ha tratado de cambiar. Nos ve de una manera diferente a sus hijos. Por mi parte, en el proceso que tuve de la rehabilitación logré perdonarlo. Y lo perdoné porque nunca me esperaba lo que un día hizo por mí. Ha sido una vida muy fea para mí y yo lo único que quería era escuchar unas palabras bonitas de su boca. Y él así lo entendió, sin que yo tuviera que decirle nada. Un día me llamó y me dijo: «hijo, yo no siempre he sido el padre que merecías pero quiero que le eches ganas ahora que estás enfermo. Cuentas con mi apoyo. Recuerda que te quiero. Nunca te lo he demostrado pero te quiero mucho. Estés lejos o estés cerca, siempre te he querido». Esas palabras me sacaron adelante. Mi padre me dijo que era tiempo de que nos perdonáramos. Yo no podía creer lo que estaba escuchando. De pronto sentí como si un peso se me quitara del pecho y lo perdoné en mi corazón. Con palabras tan hermosas, ¿cómo iba yo a negarme?

Al día siguiente me puse de pie y comencé a caminar otra vez.

Raíces
en una
nueva tierra

Mi esposo o
mis hijas

*«Se molestó como nunca antes y me
dejó para no volver jamás».*

Vine a vivir a California, un lugar que siempre me ha
parecido muy hermoso y diverso, allá por 1979. Me llamo
Josefina Hernández. Soy de Jalisco, de un pueblo que se llama
Acatlán de Juárez, en el sur del estado. A veces no lo creo, pero
ya he pasado aquí la mitad de mi vida.

Llegué acá como lo hace la gran mayoría. A duras penas
entré por la frontera, muy cerca de Tijuana. Cuando crucé
tenía poco dinero, mucho miedo y no menos desconfianza.
Sobre todo recuerdo que estaba llena de dudas: no sabía si
todo iba a salir bien. Sin embargo, no podía quedarme donde
estaba. La vida me empujó y me empujó hasta que decidí que
tenía que intentarlo. Llegó un momento en el que tuve que

hacerme a la idea de que lo mejor era emigrar. Como tanta gente que conozco, vine a luchar por mis hijos, por mi familia.

Al principio viajé sola. Me hubiera gustado traer conmigo a mis dos hijas desde un principio, pero no fue posible. Así que me armé de valor e hice el viaje sin ninguna compañía, dejando mi corazón en México. Una de mis hijas tenía doce años y la otra solo cuatro. Eran muy pequeñas y me costó muchísimo despedirme de ellas. Fue un momento muy cruel, como ningún otro que haya vivido. Cuando les dije ese «hasta luego» se me partió el alma, pero sabía que debía ir a buscar la vida a otro lado. El futuro que quería construir no era el mío, sino el de ellas. Quería darles a mis hijas lo que yo no tuve. Y eso solo podía hacerlo en Estados Unidos.

Para ese entonces yo veía a México como un país donde se habían acabado las oportunidades y hasta la esperanza; la vida allá era un callejón sin salida. Lo bueno es que no pasó mucho tiempo para tener a mis hijas conmigo otra vez. Solo fueron dos años los que no las pude abrazar. Muy poco tiempo, o al menos eso pensaba yo, porque la verdad es que luego abrí los ojos y me di cuenta de que hasta esos dos años habían sido demasiados. Al final cada momento cuenta, y los días que uno pasa lejos de los hijos no vuelven nunca. Por suerte y por la gracia de Dios, pude arreglar mis papeles muy rápido. Y todo gracias al amor.

Me casé con un ciudadano estadounidense y eso me permitió legalizarme y empezar a soñar con traer a mis dos hijas a vivir conmigo. Él me reclamó legalmente a mí y luego les dio la oportunidad a mis hijas. Fui muy afortunada, pues el hombre con el que me casé se mostró muy generoso cuando no tenía por qué serlo. Cuando vi a mis hijas, la sensación resultó indescriptible. Recuerdo que hubo llanto, dolor, lágrimas. Se me escapan las palabras para explicar lo que sentí cuando las tuve cerca otra vez. Ahí entendí que dos años no pasan en balde. Insisto: parece poco tiempo, pero en realidad es una eternidad. ¡Habían crecido mucho! Pero, también con ellas fue muy duro al principio. Y luego, me duele aceptarlo, fue también muy triste. Ya sé que suena raro, pero sí fue triste. Ellas trataron de adaptarse a la vida en Estados Unidos, pero les costó mucho trabajo. Nada más no se hallaban. Este país no es muy fácil, sobre todo cuando uno apenas comienza a conocerlo. Y ellas no pudieron adaptarse: estuvieron acá un tiempo y luego regresaron a México. Y la vida se volvió así, un ir y venir constante de mis hijas y mis emociones. No fue nada fácil. La dinámica de la familia desgastó mi relación con mi marido y mucho más la relación entre mis hijas y él. Llegó un momento en el que tuvimos que decirle a las niñas: «O se quedan, o se van». Mi esposo les dijo eso porque ya todos estábamos muy cansados y tensos. Y entonces ellas decidieron quedarse acá. Así que finalmente tuve a mis hijas a mi lado de manera definitiva.

Desgraciadamente, en el proceso perdí a mi marido. Él ya no quiso seguir conmigo. Lo que ocurrió fue que me dio a decidir entre mis hijas y mi matrimonio. Y es que ellas iban y volvían, iban y volvían. Así que mi esposo se hartó y nos dijo: «Hasta aquí». Fue muy doloroso. En realidad, siento que me rompió el corazón al obligarme a escoger. Yo sé que me quería para él solo, pero yo tenía a mis hijas. Al final me decidí por ellas y creo que él no se lo esperaba. No lo tomó nada bien. Se molestó como nunca antes y me dejó para no volver jamás. Perdimos el contacto y ya no he vuelto a saber nada de él. Ahora me doy cuenta de que la vida hubiera sido muy distinta si no lo hubiera conocido. Fui feliz a su lado. Nos entendíamos muy bien. Fue gracias a ese hombre que aprendí muchas cosas de este país. Alguien me dijo hace poco que no se ha vuelto a casar. Sin embargo, no me interesa saber nada más de su vida. Me destrozó cuando me dio a escoger entre estar con él o con mis hijas. Lo que yo concluyo ahora es que, al final, éramos muy distintos: veníamos de costumbres muy diferentes, quizá irreconciliables. Lo nuestro fue cariño, paseos, protección, pasión y amor. Pero se acabó. Y no se puede decir nada más. Ya con mis hijas acá, las tres nos dedicamos a hacer una vida. Ahora una de ellas está casada, la otra vive conmigo y sigue soltera. Tiene cuarenta y tres años. Nos llevamos muy bien y estamos en la batalla muy unidas, como siempre. Yo nunca paré de trabajar y lo sigo haciendo hasta la fecha. Y como estamos nada más las dos, pues vivimos tranquilas.

He sido feliz en Estados Unidos, pero por supuesto que sigo queriendo a México. Mi familia también se dividió: una parte sigue en México y otra se vino para acá. Con todo, mi corazón está contento. Además tengo dos nietos que son mi orgullo más grande. Ellos hablan los dos idiomas. Mi labor como abuela ha sido inculcarles sus raíces, hablarles de México. Quiero que conozcan de dónde vienen sus padres. Es muy importante que los niños sepan que tienen un origen, que vienen de un lugar.

Incluso en mi casa, desde chiquitos, nunca les permití hablar inglés. Yo les decía: «Cuando crezcan van a ir a la escuela y ahí van a hablar inglés, pero aquí en mi casa no». Y se defienden muy bien en los dos idiomas.

Los veo con mucha frecuencia. Me gusta sentarme a verlos correr y sonreír. A veces me quedo pensativa y me vienen a la mente recuerdos. Nunca más volví a encontrar el amor, pero esa fue mi decisión. Sé que el amor ya no llegó de nuevo porque me entregué de lleno a mis hijas. Opté por seguir con ellas y dejar a un lado cualquier relación con los hombres. Eso del amor se terminó para mí. Y no me quejo. Aunque sueñe, recuerde y luego vuelva a soñar, no me quejo.

El pícaro
salvadoreño

··

«No le temo a la pobreza ni a la delincuencia,
porque el que nada debe nada teme».

Siempre fui aventurero, y así fue como llegué hasta
acá en 1980. Crecí en el campo, criando puerquitos, cuidando
la milpa. Era muy pobre. Pasé mi infancia arriando ganado, con
los pies llenos de tierra y la frente sudada. Vivíamos humilde-
mente, muy sencillos, pero siempre muy trabajadores. Mi papá
se llamaba Tranquilino Escobar. Lo recuerdo como lo que fue,
un gran hombre. Se dedicaba a las minas, haciendo tablones
de madera para los yacimientos de oro allá en los cerros salvadoreños. Mi madre era una mujer buena y se llamaba Esther
Fuentes. Ambos fallecieron hace casi veinte años. Yo no estaba
en El Salvador cuando murieron. Eso fue un trago amargo,
pues estar lejos cuando los padres se van puede romperle el

corazón a una persona, y yo estuve a punto de quebrarme por el dolor y la impotencia de no poder despedirme de ellos. Mis padres tuvieron diez hijos, de los cuales yo fui el último, el más pequeño. Me pusieron por nombre David.

En Estados Unidos quise iniciar un negocio que me mantuviera cerca de mi país, de mi gente. Tuve muchas ideas distintas hasta que finalmente logré el éxito. Empecé a exportar artesanía salvadoreña. También crema, pescado, camarón. Lo intenté con muchos productos: si era salvadoreño, yo quería traerlo de allá para acá a fin de hacer negocio, pero también para apoyar a mi país. La artesanía salvadoreña es muy bonita. Muchos muñequitos, muchos pequeños juguetes con el clásico sentido del humor de la gente de allá. El más famoso es «el pícaro». Así le dicen porque pues sí, la verdad es muy pícaro. Parece un señorcito formalito, un muñeco inofensivo, pero cuando lo mueves... pum... ¡se le salen sus partes! Es muy tranquilo el pícaro, pero si ya le levantas para arriba, te llevas una sorpresa. ¡Y siempre hace reír! Por eso digo todo el tiempo: al pícaro hay que enseñarlo con cuidado. ¡Ay, yo vendía muchísimos de esos! Si en El Salvador compraba un pícaro en cincuenta centavos, acá lo vendía en cinco dólares. Muy buen negocio. A la gente le gusta pasar un momento agradable, y el pícaro sorprende a todos.

Estuve doce años con el negocio de las artesanías. Me duró hasta que me «pusieron el dedo» por unos tamales de elote. Una señora de un restaurante me denunció porque yo vendía unos tamales que estaban muy sabrosos. ¡Se me acababan! Llevaba hasta treinta docenas los sábados y todos volaban. Entre semana vendía demasiado y eso molestó a esa señora, porque le estaba quitando clientes con mi puestito improvisado de tamales. Y pues me denunció. Fue una lástima, ya que aunque no ganaba millones, tuve una vida buena con ese negocio. Se me acabó todo cuando un inspector se me vino encima. No se quitaba de donde estaba. Todo el tiempo revisándome, vigilándome, molestándome. Cuando la señora fue con la policía, el inspector me seguía a todos lados. Y pues ya, se acabó y se acabó.

Llevo acá una vida entera, treinta y cinco años ya. En un principio me mandó a buscar mi hermana, que vino primero, allá por 1970. Me enteré de que iban a traer a otro hermano mío, y cuando me lo dijeron, decidí que yo también deseaba venir. No quería perderme la oportunidad de buscar un nuevo horizonte. Y es que la vida en El Salvador a finales de los años setenta era muy difícil.

Tengo dos hijas, Mireya y Mayra. Las tuve con mi esposa Adela, que se acaba de morir. Hace dos años se me fue. Mi hija Mayra ahora vive en Oklahoma con su niño y su esposo. Creo que es una mujer feliz, o al menos eso espero. Para eso las criamos a las dos, para que fueran felices. En este momento me dedico a la limpieza. Por las mañanas estoy limpiando unas oficinas. Después paseo un poco, me distraigo. La verdad he tenido una vida tranquila.

No le temo a la pobreza ni a la delincuencia, porque el que nada debe nada teme. A veces lo que me ocurre es que extraño a El Salvador, pero como está la situación allá, ya queda poco de lo bonito que era antes. Allá tengo una casita, una finca muy bonita. Sin embargo, hace ya cinco años que no voy. Mi hermana me está cuidando esa casa y yo espero que todo esté bien. Hay mucha delincuencia allá. A veces pienso que debería haber invertido ese dinero acá en Estados Unidos, pero pues qué le voy a hacer, El Salvador es mi tierra. Y ese apego es imposible arrancarlo.

Vivir de la música

....

«Para mis nietos, México es una idea lejana».

Muchos se preguntan si los músicos nacen o se hacen. Yo creo que sí hay que tener sentido musical. Si uno carece de ello, una nota termina sonando igual que la siguiente. Hay que tener oído. Yo tuve la suerte de nacer con eso. Escucho y entiendo la música como si fuera parte de mí, como si fuera mi idioma.

Me llamo José de Jesús López, pero me dicen Chuy. He sido mariachi desde que tenía dieciséis años. Mi amor por la música mexicana proviene de mi padre. Él era músico también, tocaba el violín de una forma muy bonita. Fue él quien me enseñó a trabajar desde muy pequeño, allá en Baja California. El primer instrumento que aprendí a tocar fue la vihuela, que es muy alegre. Mi padre me mostró las pisadas y los tonos. Después me educó para que supiera cantar.

Con el paso del tiempo me fui formando y aprendiendo otras cosas. Recuerdo muy bien aquellos años que compartí con él. Trabajamos juntos mucho tiempo y yo aprendía algo nuevo todos los días, porque no solo le gustaba la música mexicana. ¡No, señor! También sabía mucho de música clásica, por ejemplo. Era un hombre generoso y muy esforzado. Estar con él mientras iba de un lado a otro ganándose la vida fue una experiencia que no cambio por nada. Me marcó como persona y como hombre. Y fue así que poco a poco se me fue quedando grabada la música, especialmente las canciones del mariachi.

A Estados Unidos llegué de mojado, como casi todos. Eso fue hace ya más de cuarenta años, en septiembre de 1974. Decidí venir para acá porque quería mejorar un poco. En México se vive, pero no con la comodidad y las oportunidades que uno tiene aquí. Al principio vine solo. Viví sin compañía alguna por dos años, que se me hicieron eternos. Aunque uno esté trabajando, la falta de cercanía con la gente querida pesa, y pesa mucho.

Ya luego logré traer a mi familia y vi salir el sol. En total tengo cinco hijos, dos de los cuales nacieron aquí. La vida me ha dado el regalo de varios nietos también. Y puede parecer increíble, pero todos ellos tienen oído musical. Todos saben de música, tanto o más que yo. Pero, aunque tienen el talento y la facilidad, ninguno siguió mis pasos, nadie quiso ser mariachi. «Me gusta la música», me dicen, «solo que no me gusta *tu música*». Yo solo me río y los comprendo, porque no me queda de otra. Ellos prefieren otro tipo de instrumentos como la guitarra eléctrica. Y pues eso no se usa en el mariachi. Y no es que a mí me disguste ese tipo de melodía. ¡Claro que me gusta!

Pero la música auténtica de mariachi es mi trabajo, es lo que hago, mi oficio y mi vocación. Ninguna otra.

Claro que me emocionaría que alguno de mis muchachos se interesara en lo mío, pero así es la vida. Lo que pasa es que en Estados Unidos están expuestos a muchas influencias musicales, de modo que el mariachi termina siendo solo una opción más. Sin embargo, eso no quiere decir que no agradezca vivir aquí. Todo lo contrario, puedo asegurar que este país me ha dado mucho. Ha sido muy generoso conmigo, me abrió las puertas y luego, con la amnistía de 1986, logramos arreglar los papeles. Por lo tanto, no puedo quejarme.

En Estados Unidos he tenido infinidad de satisfacciones. Aun así, todos nosotros llevamos a México en el corazón. Yo, por supuesto. Mis hijos también. Y espero que mis nietos de igual forma quieran a México, aunque casi no hablan español. Para mis nietos, México es una idea lejana. Los más chiquitos todavía ni siquiera saben que existe.

A veces uno se hace la idea de que las nuevas generaciones que nacen acá ya no van a seguir las tradiciones que uno tiene. Es una evolución natural, pues agarran otras costumbres y otros trabajos. Es muy diferente todo. Sin embargo, no porque sea natural se vuelve fácil de digerir o asimilar. Al fin y al cabo, si las otras generaciones olvidan lo que somos y de dónde venimos, nuestras tradiciones pueden desaparecer lentamente.

Todo eso me hace pensar en mis años allá, en mi país. Me quedé con muchos sueños guardados. Por ejemplo, me hubiera encantado tocar con el Mariachi Vargas, que es el mejor de México. A donde quiera que vaya el Mariachi Vargas, todo el mundo aplaude y lo reconoce. No importa que otro mariachi esté ahí presente. Ellos son los maestros. Pero no pude llegar a tocar con una agrupación de ese tamaño. Como nunca estudié solfeo y todo lo aprendí de oído, lo que sabía no me alcanzó para luchar por un lugar en un mariachi tan famoso. Aun así, tengo mi lugar acá en la Plaza del Mariachi de Boyle Heights. Aquí la gente me conoce, me quiere y me respeta. Y con eso es más que suficiente.

El disciplinario

....

«Cuando llegué me di cuenta de que todo era
exactamente al revés de lo que me habían dicho».

Era un joven de unos escasos veinte años cuando decidí venir para acá, hace ya cuatro décadas. Me llamo Daniel Bonilla y soy salvadoreño. Llegué a Estados Unidos con una mano adelante y otra atrás. Traía solo dos cambios de ropa, y con eso lo digo todo. La culpa de mi historia como inmigrante la tuvo un amigo mío que llegaba a El Salvador y contaba puras mentiras, simple palabrería. Nos decía que la vida acá era increíble, que todo estaba muy barato, que regalaban de todo, que el dinero se encontraba tirado en la calle. ¡Puros cuentos, pues! Ni mi papá ni nadie me aclararon que todo eso eran mentiras, de modo que me decidí a venir a intentarlo. Quería ver si lo que decía mi amigo resultaba cierto. Cuando llegué me di cuenta de que todo era exactamente al revés de lo que me habían dicho. Las cosas estaban caras, no había dinero en las calles y la vida era complicada en verdad. ¡Y por supuesto nadie regalaba absolutamente nada! Para colmo, hace cuarenta años era poquita la gente que hablaba español. Yo solía ir a un McDonald's cerca de mi casa en el que nadie hablaba español. Como todos los días iba en la tarde, el dependiente me veía y solo me repetía: «The same?», y yo le contestaba: «Yes, yes». Y así vivía. Me acuerdo que una Big Mac con una soda y una orden de papas fritas costaba centavos de dólar.

Las cosas han cambiado mucho. Y aunque acá no encontré billetes abandonados en la calle, sí encontré muchas oportunidades. Tampoco fueron las que yo siempre había soñado. Venía de un rancho, así que lo que sabía hacer era trabajar en el campo. Sin embargo, acá entré de empleado en una mueblería, ganando ochenta y cinco dólares por semana. Después se me ocurrió dedicarme a diseñar ropa y eso se terminó por convertir en mi oficio. Ahí, en la ropa, encontré mi verdadera vocación. Y hasta la fecha a eso me dedico. Hago de todo: camisas, pantalones, batas, trajes de baño. Sé diseñar todo eso y mucho más.

La clave del buen vestir está en la presentación. Si uno anda bien vestido, ya ganó mucho en la vida, porque la gente tiende a respetar a quien va correctamente ataviado. Andar en tenis y camiseta es muy fácil, pero es importante saber presentarse como debe de ser, y más en un país que no es el nuestro. Aquí resulta crucial ganarse el respeto a diario. Soy vendedor de profesión. Además de la ropa también vendo productos de cocina. Esa es una profesión difícil en verdad. No cualquier persona tiene la capacidad de convencer a los demás. El buen vendedor debe estar dispuesto a aceptar muchas negativas. Si usted no sabe soportar la palabra «no», mejor quédese en su casa o dedíquese a otra cosa. Y la clave está en evitar a toda costa ser agresivo. Muchos no comprenden eso y se ponen muy insistentes. Tal cosa no funciona, porque uno termina incomodando al cliente. Todo esto lo entendí desde muy joven, y ya llevo tres décadas como vendedor.

Gracias a mi trabajo, este país me ha dado mucha felicidad. En Estados Unidos se admira y se recompensa a quien trabaja. Este es un país para muchas cosas y muchos tipos de personas, pero ciertamente no es para los flojos. En cambio, el que sabe esforzarse conquista la felicidad. Eso me sucedió a mí, por lo tanto, soy un hombre pleno. Sin embargo, también lo soy gracias a la familia que pude formar acá. Tengo seis hijos, todos nacidos en Estados Unidos. Dos de ellos son sargentos del ejército y otra estudia criminología. Tengo también unos niños más pequeños. Todos saben comportarse como gente decente.

Para mí, la clave de la vida está en darles una educación adecuada a los niños. Eso es lo más importante que existe. Usted puede tener veinte millones de dólares y dejárselos íntegros a sus hijos. ¿Pero qué pasa si hace eso sin educarlos? Al cabo de un tiempo ya no habrá nada, porque ellos recibieron ventajas sin antes haber recibido las enseñanzas necesarias. Y el que no tiene educación está vacío. Si en cambio a los hijos se les enseña lo que es el respeto, la historia va a ser diferente. Lo primero que hay que hacer es respetar a los hijos. Hay personas que insultan a los niños, lo cual es una tontería enorme, porque la falta de respeto termina por revertirse. La educación toma su tiempo, se da poco a poco. Y con toda franqueza, también me parece importante un castigo cuando así se requiere. Y no se trata de un castigo que los deje todos marcados y lastimados como si fueran animales, que es lo que algunos hacen a veces. ¡No, señor, eso no es bueno, porque tal actitud es muy salvaje! Yo lo que hago es poner a mis hijos hincaditos con una cajita agarrada sobre la cabeza. Los dejo así hasta que lloran, y entonces sí les digo: «A ver, venga usted para acá». Hay que dejarlos unos diez minutos así. Después de ese rato uno les explica con respeto por qué los castigó. Cuando se termina la explicación, hay que darles un abrazo y un beso y pasar a otra cosa. Así de fácil es educar a los niños.

Hawái/Dubai

·····································

*«Como siempre les digo: en este país, el
que no estudia es porque no quiere».*

Aunque al final a mí me haya ido bien, estoy conven-
cida de que el error más grande que cometemos los latinos es
que venimos por un sueño y el tiempo pasa sin que logremos
nada. Entonces nos encontramos peor de lo que estaríamos
en nuestros países de origen. Sin embargo, a muchos no les
importa y prefieren seguir aferrados a la ilusión de estar acá.

Todo comenzó hace ya varios años. Me llamo Alejandra
Capistrán y soy de Chiautla de Tapia, en el estado de Puebla.
Vine a los Estados Unidos gracias a mi padre. Él llegó a este
país cuando yo estaba muy chica (tenía apenas cuatro años
de edad cuando se fue). Un día, durante mi adolescencia, mi
padre fue a visitarnos y estando en la casa nos dijo que todo
acá era muy bonito y que lo pensáramos muy bien. Yo de inmediato imaginé lo que podía significar irme para el bienestar de

mis hermanos y mi hijo, que entonces era muy pequeño. Lo pensé mucho y decidí que mi obligación era hacer todo lo que estuviera a mi alcance. Además estaba ilusionada. Después de todo, nos había contado tantas cosas emocionantes que parte de mí también quería ver con mis propios ojos este país. En aquel momento pensé que era lo mejor para todos, para ellos y para mí.

Al principio me hizo mucha ilusión ayudar a mi gente. Lo cierto es que yo era apenas una niña, pues tenía solo dieciocho años cuando vine a Estados Unidos. Pero, mi vida no resultaba fácil. Todo lo contrario, diría yo. Para entonces ya tenía un hijo de dos añitos de edad y soñaba con darle un futuro mejor, aunque eso implicara dejarlo en México por un tiempo. Me sentía muy valiente, así que también tomé camino rumbo al norte. Sin embargo, mis ilusiones cambiaron muy rápido. Cuando finalmente llegué, todo resultó muy complicado para mí. Sufrí un *shock* terrible. Nunca me había separado ni un minuto de mi familia, y distanciarme de mi hijo fue un golpe tan fuerte que me hizo sentir como pasmada durante un buen tiempo. Aunque lo dejé en buenas manos con mi mamá y mis hermanos, me dolió mucho estar separada de él. Y por si eso no fuera suficientemente complicado, al llegar acá me encontré viviendo en un apartamento repleto de gente. No había espacio para nada, no contaba con ninguna privacidad, casi no había aire. Lo único que existía allí era cuatro paredes que apretaban como una pesadilla claustrofóbica. En una recámara vivían unos. En otra recámara varios más. La sala también estaba llena de gente. Para mí fue pavoroso, la verdad. Me deprimí profundamente. No pasó mucho tiempo antes de darme cuenta de que Estados Unidos no era en absoluto como yo pensaba. No resultaban como en las películas, que se ve todo tan bonito, o como la gente contaba cuando iba. ¡Este país era todo lo contrario! Me costó varios meses adaptarme a mi nueva vida, con sus ritmos y exigencias. Creo que lo que finalmente marcó un antes y un después fue el momento en el que logré salir de ese departamento. Eso me ayudó a respirar. Luego conseguí una pareja y tuvimos hijos. Con todo y eso, llegó un momento en el que me harté de tantos problemas. Así que regresé a México para intentar vivir en mi tierra, donde uno siempre es bienvenido, pero las cosas no salieron como yo quería, y al poco tiempo ya estaba emprendiendo la marcha de vuelta al norte. Pero, mi actitud y mi experiencia ya eran ahora muy diferentes. Dejé a mi hijo en México y vine a conquistar Estados Unidos como Dios manda.

Lo primero que hice al volver acá fue jurarme que iba a vivir como debe de ser. Sin compartir nunca mi casa, sino teniendo siempre un apartamento por mi cuenta. Nada de perder mi privacidad, mi espacio. Yo lo veo así: si venimos a este país, es para mejorar, no para estar peor que en nuestros lugares de origen. Si voy a vivir con tanta gente en un apartamento, pues mejor vivo allá. Al fin y al cabo, la vida en México es mucho más tranquila. Y así, con esa claridad de vida, he construido mis años acá.

Al final, aunque me costó mucho trabajo, terminé trayendo a mi hijo. Nadie quería ayudarme con su traslado. Tardé mucho tiempo en encontrar a alguien que se animara. Por último, una prima mía fue quien me lo trajo cuando el niño cumplió seis años. Me sentí muy emocionada cuando lo tuve en brazos otra vez.

Todos mis hijos son muy especiales, pero él lo es más. Quiero pensar que él y el resto de sus hermanos han tenido una buena vida aquí. Como siempre les digo: en este país, el que no estudia es porque no quiere. Lo curioso es que a mi hijo no le gustó el estudio. Dejó la escuela secundaria, porque lo suyo siempre ha sido la música. Es su pasión y su talento. Ahora se dedica a ser DJ.

Otro momento que marcó mi vida fue el nacimiento de mi nieta. Esa niña es la princesa, la luz de la casa. Llegó en un momento muy complicado para todos. Cuando supimos que venía al mundo nos devolvió la alegría. Por ella es que quiero seguir esforzándome. Siempre me han gustado las ventas y a eso me dedico. Me apasiona hablar con la gente, tratar de convencerla, ir de un lugar a otro. Ese es uno de mis sueños: viajar por todas partes. Y me queda mucha vida por delante. Ya logré vencer una enfermedad muy grave. Tuve cáncer y conseguí salir de eso. La fe y la esperanza me ayudaron a superarlo. Sentí que mis hijos me necesitaban, que sin mí las cosas en casa serían un desastre. Fueron años muy difíciles, pero gracias a Dios logré salir viva. Y hoy me siento contenta de que mis hijos tengan estudios y sean gente de bien que lucha por sus sueños. Todos ellos son independientes. Me doy cuenta de que ahora me toca ver por mí. Quiero llegar alto en mi negocio para poder viajar. Desde chica me ha gustado viajar. Eso voy a hacer ahora. ¡Quiero hospedarme en lugares de cinco estrellas! El lugar que más me gustaría conocer, porque me enamoré de él a través de los documentales, es Dubai. Y también Hawái. Dubai y Hawái. ¿Suena bien, no?

Cantar en el campo

*«Cuando mi hermano se fue, lo lloré
con amargura. Y luego me pregunté
si era mejor irme o quedarme».*

Mi nombre es Ismael Rojas. Por azares del destino nací en un lugar llamado Dolores Hidalgo, en el estado de Guanajuato. Mi padre fue campesino y mi madre ama de casa. Juntos tuvieron quince hijos. Mi madre pasó doce años de su vida encinta. Nacía uno y se embarazaba una vez más. Y así hasta sumar más de una década de espera. Eso es lo que yo llamo un sacrificio.

Todos nosotros tuvimos una infancia difícil. Éramos muchos y había poco para alimentar a tantos. La familia vivía en una propiedad muy pequeña y siempre se escuchaba el llanto de un nuevo hermano para acompañarnos por la noche. La juventud en aquel entonces era muy diferente a la de hoy. Sufríamos de muchas carencias. Como nos faltaban recursos, no hacíamos otra cosa que no fuera trabajar. Mi padre no paraba nunca. Y cuando digo la palabra «nunca» me refiero a que no se permitía ni un minuto de descanso: salía a primera hora y volvía ya tarde. Cuando me hice adolescente me sumé al «jale» para ayudar a la familia. No había otra salida: o trabajábamos o nos moríamos de hambre. Así de fácil y así de triste.

Yo francamente nunca fui a la escuela. Y es que en ese entonces ni escuela había en el lugar donde vivíamos. O al menos no recuerdo que tuviéramos un plantel escolar lo suficientemente cerca. No había maestros ni había nada. Lo que aprendimos fue porque otras personas nos lo enseñaron, gente con otro tipo de preparación que se prestó a educarnos un poco. Sin embargo, la vida no se trataba de aprender matemáticas o esas cosas. Lo nuestro era el trabajo, el esfuerzo con las manos, los pies y el cuerpo. Es como si la vida no nos hubiera permitido darnos el lujo de pensar y hasta de usar la imaginación.

Empecé a laborar como a la edad de ocho años. Me dedicaba al cultivo del chile y el tomate. Aprendí a sembrar y cosechar, a conocer los tiempos de la tierra. Así ayudaba a mi familia. Y mientras andaba en el campo siempre me acompañaba la música.

Desde muy niño me gustó cantar, creo que desde que tengo uso de razón. Cantaba a solas mientras regaba la semilla, bajo el sol. Lo mismo hacía mientras cuidaba a los animales. La música era mi compañía, mi amiga en las buenas y en las malas. Mis ídolos siempre fueron Javier Solís y José Alfredo Jiménez. Desde niño me la pasaba aprendiendo sus canciones. Los dos son de mi tierra, mis paisanos. Dicen que la música es cómplice de las ilusiones, y así fue en mi caso. A través de la canción volaba a otra vida, otras situaciones. Me sentía libre, pues. Quizá por eso decidí dedicarme a la música para siempre. Pero no resultó nada fácil. No fue sino hasta los veinticinco años de edad que decidí entregarme por completo a ella. Como no tenía el apoyo de mis padres, tuve que esperar hasta ser mayor de edad para poder emprender mi camino por mí mismo. La primera vez que me puse el traje de charro para cantar fue a los veintisiete años. Recuerdo perfectamente ese momento. Ocurrió en el estado de México, en Ciudad Netzahualcóyotl, en un lugar muy famoso por aquel tiempo: la Plaza de Toros Aurora. Mi primera presentación fue un día 10 de mayo, Día de la Madres. Mi mamá no estaba allí, porque se quedó en el rancho. ¡Aun así había mucha gente! Al principio los nervios me estaban rebasando, pero hice acopio de fuerza y empecé a cantar. Y es que no hay de otra. La única manera de superar el miedo es con mucho valor, muchos pantalones. Ya cuando uno está en el ruedo, o lo haces o lo haces. No hay marcha atrás. Es parecido a la experiencia de venir al norte: muchas veces no hay regreso. Y eso fue exactamente lo que me sucedió a mí.

Llegué acá como todos, pasando por donde todos hemos pasado. La vida en este lugar ha sido buena, pero muy diferente. Y es que fue casi un accidente que yo viniera a Estados Unidos. Tenía un hermano muy gravemente enfermo, que por desgracia murió tiempo después. Vine a visitarlo y su padecimiento se prolongó por años. Cuando mi hermano se fue, lo lloré con amargura. Y luego me pregunté si era mejor irme o permanecer en este país. En un momento de valentía, decidí quedarme. Y hasta la fecha estoy aquí.

La música es para mí la mejor manera de conectarme con mi país, sobre todo a través de la que yo interpreto. Para mí es un gran honor, un orgullo, poder hacer lo que hago. En cierta forma pongo en alto el nombre de mi tierra. Y eso me ha hecho muy feliz. Llevo ya diecinueve discos grabados. He hecho veintiuna películas, incluida *Lola la trailera*. Y gracias a todo eso y a Dios, sigo en esto. La vida me ha dado muchas satisfacciones. Una de las más grandes sucedió durante la boda de un hermano mío. Fue ahí que canté por primera vez frente a mis padres. Los dos se quedaron mirándome con orgullo. Pienso que jamás se imaginaron que llegaría a ser lo que soy. Pero les demostré que sí podía: sin vicios, sin hacer nada malo; solo cantando con el corazón. Eso no lo olvido, como tampoco los olvido a ellos. Cada semana hablo con mis padres, sobre todo con mi madre, que es quien está más al pendiente de mí. Llueve o truene, siempre hablo con ella. Nunca le fallo, siempre le llamo. Estoy ahí, junto a ella.

Llegarás muy lejos

«La pobreza puede destruir el alma de un niño.
Yo me salvé de milagro de que así me sucediera».

Me llamo Anaín Cuéllar. El mío es un nombre muy bonito pero muy raro, quizá hasta único. Mis padres me pusieron así porque eran cristianos y perdieron a un hijo que nació mucho antes que yo. Él se llamaba también así y mis padres decidieron rescatar ese nombre y dármelo en memoria de mi hermano fallecido.

Nací en Honduras hace 42 años. Mis padres eran muy humildes. Durante muchos años quisieron darme cosas que yo necesitaba y simplemente no pudieron hacerlo. Eran trabajadores de campo y crecieron muy pobres. Tuvieron quince hijos de los cuales murieron dos, uno de ellos era aquel hermano Anaín que me heredó su nombre.

Desde que era un niño padecí mucha pobreza. A veces, cuando en los veranos hondureños no se daba la cosecha, comíamos pura tortilla con limón y sal. Cuando llovía no podía ir a la escuela porque tenía que cruzar un río para llegar a clases. Hasta que el río bajaba es que yo podía cruzar y volver a la escuela. No tuve la dicha de poder estudiar hasta donde me hubiera gustado. Recuerdo que me gustaba mucho el dibujo y como no teníamos televisión yo me entretenía dibujando. Y creo que de verdad lo hacía muy bien, dejándome guiar por la imaginación. Con todo y esa inquietud no me pude preparar, ni como dibujante ni nada. Las limitaciones de la vida eran muchas. Fue hasta los quince años que tuve mi primer par de zapatos y eran de hule. Me salían hongos y cosas de esas. Mi ropa era la que iban dejando mis hermanos. Mi madre la cortaba con tijera para ajustarla al siguiente de sus hijos que la necesitara. La mochila que llevaba a la escuela era la parte de abajo de un pantalón de mi papá, cosido abajo por las manos de mi madre. Ella era también la que me hacía los cuadernos escolares doblando hojas grandes y luego cosiéndolas en medio. Y todo eso es imborrable. Es como un tatuaje. Te vas haciendo viejo y sigue ahí.

En mi mente todavía no supero los recuerdos del hambre y la miseria. Aquel que vive la pobreza no la olvida jamás. Yo he tenido pesadillas toda mi vida. Hay muchas cosas que no puedo hacer porque no tengo documentos en este país. Por eso fue que me perdí el entierro de mis padres. Nunca pude despedirme de ellos como cualquier hijo debe hacer. Yo quise mirarlos a los ojos de nuevo, pero volver era un suicidio y no lo hice. Mis hermanos se fueron de la casa también, buscando otra vida. Porque la pobreza es criminal y hay que escapar de ella a como dé lugar.

Yo dejé el lugar donde nací cuando cumplí los quince años de edad. Lo que me hizo decidirme fue la experiencia de ver a la familia del esposo de una de mis hermanas. Vivían en Estados Unidos y cuando volvían a Honduras siempre traían regalos para los suyos y yo me les quedaba mirando. Eso me conmovía mucho. Me prometí que algún día yo también me daría mis gustos. Por desgracia, con el paso del tiempo me di cuenta de que todo eso era un engaño. La gente viene a Estados Unidos y ahorra un dinerito con mucho esfuerzo. Con eso compran regalos y viajan a Honduras o a sus países a agasajar a su gente. Se gastan años de ahorro en unas semanas, dándose una vida de lujos aunque todo sea una ilusión. Y los que están allá piensan que la vida en el norte es así, que todo es regalos y dinero y alegría. ¡Pero ese paraíso no existe! Acá hay que sufrir para ganar el dólar. La gente no lo sabe o no quiere verlo. Mejor prefieren creer que es cierta esa falsa ilusión. Vienen a Estados Unidos y empiezan la misma vida: años de lucha para luego ir a fanfarronear por unos días con los que se quedaron atrás. Acá se endeudan por años, dejan de dormir a gusto, todo por estar pagando lo que necesitan para impresionar a la familia. Es un círculo vicioso.

Yo me vine en 1999, después de que el huracán Mitch hiciera añicos mi país. Recuerdo que vivía al borde de un río y las aguas se llevaron todo lo que yo tenía. Me quedé en la calle. Fue entonces que un primo vago que yo tenía me dijo: «vámonos para México o para Estados Unidos. De vagar acá a vagar allá, pues mejor allá». Y así lo hicimos.

Primero cruzamos Guatemala y no nos fue tan mal. El problema comenzó en México. Ahí nos subimos al tren maldito ese, al que le dicen la "Bestia". Es muy triste. Se ven amigos que vienen sentaditos al lado y después desaparecen porque se quedaron dormidos y se cayeron. Te despiertas y tus compañeros ya no están. Pasan cosas raras. Uno sufre humillaciones de todo tipo, hambre y frío. Hay accidentes todos los días. Yo, por ejemplo, sufrí uno muy doloroso. Un día como a las dos de la mañana, entre la lluvia, me caí por agarrar el tren. Me corté una rodilla con un fondo de botella de cerveza. Sentí el golpe pero pensé que no era gran cosa. Para mi desgracia me equivoqué: lo que pasó fue mucho peor. El vidrio se me enterró por debajo del hueso. Al ver eso me entró un miedo como nunca antes. Tuve la enorme suerte de encontrarme con una mujer humilde que me trató como si fuera su hijo. Estuve un mes con su familia ahí en una casita muy pequeña. Ella me curaba y me sacaba las semillas del zacate que se me habían metido hasta adentro de la herida. Me estuvo limpiando con agua con sal, y algodón. Por eso tengo buenos recuerdos de México. Es gente buena la que hay en ese país.

Después de un año de batallar llegué a Estados Unidos. Tuve mucha fortuna porque mi color me ayudó. Tengo la piel muy blanca y soy entre rubio y pelirrojo, así que los agentes de policía siempre creen que soy estadounidense. Yo creo que imaginan que en nuestros países no hay güeros. Mi primera parada fue Arizona, donde trabajé un día. Con eso junté treinta y cinco dólares y me compré un boleto para California. Tenía tantas ganas de conocer Los Ángeles que no me di cuenta de que el boleto solo llegaba hasta cierto lugar que no recuerdo. Ahí me encontré a otra buena persona. El señor que estaba junto a mí me completó la tarifa para llegar hasta Los Ángeles. Otro mexicano, por cierto.

Llegué a Los Ángeles sin conocer a nadie. Lo primero que hice fue buscar cartones o algo para quitarme el frío. Tenía yo pensado dormir en la calle pero un muchacho que pasaba por ahí me levantó y me preguntó que si quería yo irme a trabajar a una construcción de un edificio enorme ahí en la avenida Wilshire. Y pues eso hice. Gané cien dólares ese primer día y así fui sumando hasta juntar mil. Después tuve un nuevo accidente que dio un giro a mis planes. Estaba arreglando los andamios para mis compañeros cuando de pronto cayó una pieza de metal desde muy arriba. Por muy poquito y me cruza el cuerpo entero. Tuve suerte de que solo me alcanzó a golpear muy fuerte en el hombro y me abrió una herida en la espalda. El señor que manejaba la construcción era un coreano que me llevó a una clínica también de coreanos, de gente de su confianza. Ahí me cerraron la herida con prisas, sin anestesia. Me cosieron como un perro para que me fuera rápido. De haber sabido que en este país hay leyes que te defienden, lo hubiera demandado.

De entonces a la fecha han pasado quince años. Encontré el amor en México. Me traje a una mujer de Ciudad Juárez. Después del accidente pensé que era buena idea volver a Honduras. Ya había yo ganado un dinerito y me dije que ya era hora de regresar. Pero antes pasé por Ciudad Juárez para ver a una chica que yo había conocido en otro viaje. Le llevaba una cadenita porque era Navidad. Pasamos la noche ahí con su familia y al día siguiente, cuando seguíamos enfiestados, me dijo que nos viniéramos juntos a Estados Unidos. La idea me entusiasmó. Le dije que no se llevara maleta ni nada. Nos acercamos a la frontera e hice un agujero en la arena. Nos pasamos por debajo sin tocar el alambre que alerta a la patrulla fronteriza. Nos quedamos metidos en ese hoyo un rato y oíamos pasar a la policía. Luego salimos y caminamos por la carretera hasta que agarramos un taxi que nos llevó a la terminal del autobús. Mi mujer se quedó dormida todo el camino a Los Ángeles. Cuando abrió los ojos estábamos frente a la Placita Olvera en el centro de la ciudad. «¿Ya llegamos?», me preguntó. «Ya», le contesté yo. Pero no me creía y durante meses no me creyó que ya estaba aquí en Estados Unidos. Hasta el día de hoy estamos juntos. Tenemos tres hijos, el más grande ya de catorce años.

Hoy por hoy me dedico a muchas cosas. Podría decirse que soy «milusos». He trabajado de todo. Me gusta fijarme, ser metido para aprender de todo. Tengo muchos amigos que me dan trabajo, a veces en las tiendas del centro de la ciudad, a veces en otros lados. No me puedo quejar demasiado. Aunque la verdad es que no he logrado lo que he querido. Muchas otras personas sí han alcanzado sus sueños y yo quiero llegar ahí. Pero al menos ya no estoy en la pobreza en la que vivía cuando era niño, recuerdo que todavía me traumatiza y me quita las ganas de seguir porque veo inalcanzable lo que yo deseo. Y luego me vienen a la mente mis padres y me entristezco aún más. Me hubiera gustado mucho darles a ellos lo que merecían: casa donde vivir, comida todos los días, ropa. Mi mayor ilusión siempre fue permitirles gozar de lo que yo lograra en la vida. Fui el último de sus hijos y el más vago de todos. Pero ellos veían algo en mí, algo diferente. Me decían que yo iba a llegar muy lejos. Y tenían razón, pero no de la manera en que ellos pensaban. Me vine tan pero tan lejos que no los volví a ver. Se paga un precio por estar aquí. Un precio muy alto.

Cubano libre

*«La historia no es la misma contada que
vivida. Y yo tuve el privilegio de vivirla».*

La gente ahora me dice que Cuba es linda. Yo siempre les respondo que la Cuba más linda era la de antes. Yo tuve la suerte de ser cubano y vivir los tiempos en los que Cuba de verdad era Cuba. Tantos años de dictadura le han hecho mucho daño a mi país. Ha lastimado absolutamente todo, hasta la manera de pensar de la gente. Desde que me fui de Cuba no he vuelto, pero sé que ese lugar ya no es lo que era cuando nací en La Habana, hace más de ochenta años. Mi nombre es Idilio Sánchez. Allá en la isla crecí en un rancho. Tuve una infancia tranquila hasta que murió mi padre. Yo tenía entonces ocho años de edad, muy chico para la orfandad, aunque para eso uno nunca está listo. Algún tiempo después, a mis catorce, me fui a la ciudad para aprender el oficio de mecánico. Trabajé en eso hasta que vine a Estados Unidos, apenas a los veintisiete años de edad. Cuando decidí emigrar, lo hice primero a Miami, como tantos de mis compatriotas. Sin embargo, no duré mucho tiempo allí y pronto me vine a California. Lo que ocurre es que en Miami no me pagaban lo que me merecía como mecánico. Y fue entonces que decidí cambiar de costa completamente. En Los Ángeles no hay muchos cubanos, y menos de mi generación, y todavía menos que anden aún por las calles. Yo gracias a Dios me siento bien y no he parado ni pienso parar.

La California de aquella época también era muy diferente a la que existe hoy. Con dos dólares usted llenaba el tanque de gasolina. ¡Ahora no alcanza ni para medio galón! Acá he sido muy feliz, porque tuve trabajo. He tenido una vida muy bonita, muy diferente. Siempre digo que tuve el gusto de vivir cincuenta años llenos de historia. La historia no es la misma contada que vivida. Y yo tuve el privilegio de vivirla. Cuando uno vive las cosas, el sentimiento es absoluto. La emoción y el dolor están ahí muy presentes. Y eso es lo que me pasó a mí.

A lo largo de todo me he mantenido siempre optimista. Eso es lo que soy. Pero eso no quiere decir que no haya pasado tragos amargos. Lo peor que me ha ocurrido fue la muerte de mi esposa. La perdí hace apenas un año. Me casé con una mujer cubana. Nos conocimos allá y vinimos para acá juntos, nosotros dos con nuestros dos hijos. Ellos crecieron bien aquí. Me da orgullo decir que hablan el español hasta mejor que yo. Conseguir que mantuvieran el idioma no fue difícil. La regla era muy sencilla: en casa se habla español y afuera lo que ustedes quieran. Y eso nos ayudó mucho. También tengo nietos.

Sin embargo, ellos por desgracia no hablan español. Me gustaría que lo hicieran, pero tal cosa ya no está bajo mi control. Aunque eso sí: todos mis nietos sienten a Cuba como propia, la han hecho suya. Tengo una nieta ahora en Nueva York y sobre su cama ha puesto la bandera cubana. Ella se considera cubana, aunque no hable español. Cuando mi nieto se graduó del bachillerato se mandó a hacer un anillo con el emblema de Cuba. Ellos se sienten cubanos. ¡Son cubanos, pero hablan inglés! Así es esto.

Antes yo compartía todas estas reflexiones con mi señora. Eso era lo que hacíamos más que ninguna otra cosa. Conversábamos día y noche. Creo que desde que nos vimos por vez primera en Cuba no paramos de acompañarnos, de reír, de charlar. Por eso es que no estoy acostumbrado al silencio que a veces me aqueja. He visto morir a mis padres y mi hermano, pero es muy diferente perder a la compañera de la vida de uno. No hay comparación. Y no es fácil. En la mañana, cuando despierto, no tengo a quien saludar. Así de simple, ni más ni menos. Y como el dolor es tan grande, la única manera de recuperarse es manteniéndose ocupado y siendo importante. Si no tuviera un oficio estaría mucho peor.

Cuando pienso en la vida que pude haber tenido en Cuba y la comparo con esta, pues simplemente no hay paralelo alguno. Yo no vine por negocio. Allá en Cuba ya tenía una empresita y me iba muy bien. Vine para tener una mejor vida. Y no regresaría nunca, ni siquiera ahora que las cosas parecen mejorar poco a poco en la isla. Ocurre que allá no tengo a nadie conocido, no queda nada de la Cuba que fue mía. La vida es muy diferente y yo ya estoy acostumbrado a la manera en que son las cosas acá. Mi casa está aquí, en este lugar. Siempre le estaré agradecido a Estados Unidos por abrirme los brazos y ayudarme a darles una vida buena a mis hijos y, ahora, por permitirme disfrutar a mis nietos. Tuve la suerte de tener una esposa que me quiso. A fe mía eso no es poca cosa.

Un pedazo enterrado

··

«Sin embargo, a pesar de todo eso, no volvería
nunca a vivir a México. Jamás lo haría».

Hoy sería completamente imposible que jugara en la calle con mis amigos como lo hacía durante mi infancia en Guadalajara, Jalisco. Mi nombre es Ana Rosa y viví en un barrio muy humilde de aquella ciudad, un barrio que se llama Fábrica de Atemajac, un sitio sencillo, pero muy lindo. Ese lugar me dio una niñez llena de alegría. Mis padres eran empleados de una fábrica de hilados y tejidos establecida allí.

Viví allá hasta que en 1978 decidí venir para este país. La primera vez vine nada más de vacaciones. Mis planes eran visitar por dos semanas a mi hermana, que ya vivía en Los Ángeles, pero acá conocí al que ahora es mi esposo y mi vida cambió para siempre. El tiempo pasa muy rápido y hoy ya tenemos treinta y cinco años de matrimonio. Lo conocí el mismo día que llegué de vacaciones, empezamos a salir casi de inmediato y nos hicimos novios. Apenas cinco meses después me casé con él. Es increíble que mi esposo también sea de Fábrica de Atemajac y que nunca nos viéramos allá. El destino nos unió estando ya de este lado de la frontera.

Al principio entré con visa de turista y luego tuve problemas, porque me quedé demasiado tiempo. Cuando fui a renovarla, me la negaron. Pero pues yo no me iba a quedar allá. Decidí regresar para acá, aunque fuera ya sin papeles. Me costó trabajo decidirme a hacerlo, pues me daba miedo, pero mi vida ya estaba en Estados Unidos e iba a venir a como diera lugar.

Y así estuve durante veinte años: yendo y viniendo sin documentos, arriesgándome mucho. Yo iba y luego volvía porque tenía que ver a mi madre y mis otros seres queridos. Sin embargo, siempre estaba con la angustia de lo que podía pasar. Dos décadas viví así. Claro que me costaba trabajo esa vida llena de inquietud, con la ansiedad y la preocupación a cada paso. Ahora pienso que si algo hubiera salido mal, quizá habría perdido a mis hijos para siempre. Con todo, no podía vivir de otra manera. Era eso o condenarme a la tristeza. Tenía que respetar los dos lados de mi corazón, pues. En 1998, finalmente me logré regularizar. Primero obtuve la residencia y cinco años después la ciudadanía. Y pues aquí estoy.

Este país me ha dado cinco hijos. Cuatro de ellos ya se casaron. Una hija está a punto de graduarse de veterinaria. Otro se graduó de policía y otro tiene estudios de psicología. Lo curioso es que ninguno trabaja en lo que estudió. Mi esposo es cerrajero: tiene un negocio de llaves y cerraduras desde hace treinta y tres años, siempre situado en el mismo lugar. Y él les enseñó el oficio a nuestros hijos. Así que, hoy por hoy, los tres hombres se dedican a la cerrajería. Los tres tienen carreras, pero ninguno la ejerce. Los tres se terminaron dedicando a la misma labor que su padre. Ellos me dicen que hacen eso porque les da para vivir bien. Y por eso le agradezco mucho a este país.

Soy mexicana y tengo raíces mexicanas, así que a mis hijos los he educado como mi mamá me educó a mí. Amo a México, pero también quiero profundamente a este país. Me ha dado mucho. Me acogió como ciudadana y eso no lo olvido. Y yo sí siento la nacionalidad. Tengo ya treinta y seis años de vivir aquí y me he adaptado a las costumbres. Mis hijos son estadounidenses, pero también se sienten mexicanos. Desde chicos se han identificado así. Y con orgullo. Nosotros decidimos que, aunque nacieron acá, también iban a estar registrados en México. Tienen doble ciudadanía, igual que yo.

Y así es: quiero y respeto a este país por todo lo que me ha dado, empezando por la tranquilidad de tener una vida estable y en paz, pero adoro a México. Voy para allá y me siento muy mexicana. ¡Claro que a veces extraño! Tengo raíces muy profundas allá. Sin embargo, a pesar de todo eso, no volvería nunca a vivir a México. Jamás lo haría. La razón es muy sencilla: aquí se me murió un hijo hace años. Y él está sepultado en esta tierra, en este que fue su país. Por eso yo no regresó a México ni después de muerta. No quiero que me sepulten allá. Quiero estar siempre aquí, en la vida y la muerte. Después de todo, ya tengo un pedazo de mí enterrado en Estados Unidos.

Hijos de
dos culturas

En nombre
del padre

···

«Fue por mi padre y su memoria que
luché para recibir ese diploma».

Mi nombre es Samuel Robles. Llegué al mundo en el
este de la ciudad de Los Ángeles hace cuarenta y seis años. Mis
padres nacieron en Jalisco y la historia de ambos resulta muy
interesante. Mi padre tuvo un total de doce hijos, de los cuales
soy el último. Era un hombre muy singular, mi papá. Llegó
por primera vez a Estados Unidos cuando tenía diecisiete años.
Acá se casó, tuvo cinco hijos y luego sufrió la muerte de su
primera esposa. Nunca supimos bien de qué murió, pero el
caso es que dejó a mi padre solo, con sus cinco hijos. Cuando
el menor cumplió los dieciocho años, mi papá fue a México de visita por primera vez en mucho, mucho tiempo. Para
entonces ya casi rozaba el medio siglo de vida, habrá tenido, si

mal no recuerdo, cuarenta y ocho años de edad. Cuentan que mi padre escogió pasar unos días de descanso en la playa de Vallarta. Él y sus amigos fueron a pescar y una tarde mi padre les anunció que iba a ir a su pueblo que estaba, según dijo, cerca de allí. Quién sabe cómo, pero logró llegar al poblado de donde había salido hacía más de treinta años antes. El lugar se llama Mezquitic y por cierto no está para nada cerca de la playa de Vallarta. ¡En realidad, se halla como a nueve horas de camino de la costa del Pacífico donde se encontraba mi padre! Después de una verdadera odisea, llegó al lugar que lo había visto nacer. Cuando entró al pueblo, empezó a caminar y en una de sus vueltas se topó con la mujer más bonita de todo Mezquitic. El único problema era que ella tenía solo dieciocho años, la misma edad que el hijo menor que mi padre había dejado en Estados Unidos. Sin embargo, a él no le importó la diferencia de edad y se enamoró de la chica aquella. Esa mujer era mi madre.

Ella había tenido una vida muy complicada. Había perdido a su padre ahí en el pueblo mucho tiempo antes, cuando mi mamá tenía apenas cinco años. Mi abuela tuvo que criar a sus cuatro hijas sin la presencia de un hombre. Mi mamá creció toda la vida sin conocer la fuerza o la guía de un padre. Enamorado como estaba, mi papá tuvo una idea. Se acercó a mi abuela y sus hijas y les dijo que quería casarse con mi mamá, ofreciéndose además a llevarse a toda la familia a Estados Unidos. Impresionada, mi abuela accedió a considerar el matrimonio. Mi padre no tardó en cumplir su palabra: sin pensarlo dos veces se casó con una mujer tres décadas más chica que él, una niña que había nacido más o menos por el año en que él se había ido de Mezquitic originalmente, y luego trajo para acá a todas las hermanas de mi mamá, con mi abuela y todo. Llegaron a vivir a Los Ángeles, donde también estaban los hijos del primer matrimonio de mi padre. De todos ellos, ya solo sobrevive uno. Y tiene sentido, pues después de todo, mi mamá acaba de cumplir ochenta y un años y todos sus hijastros eran más grandes que ella. Mi madre batalló un poco al llegar, pero su fuerza la sacó adelante. Era y es una mujer muy amigable, muy cercana a la gente. Todo el mundo la quiere. Yo creo que ella amó de verdad a mi padre, a pesar de la diferencia de edades. Es posible que haya sido también un poco una figura paterna para ella. Mi mamá me ha confiado que mi papá le enseñó muchas cosas del mundo.

Yo solo estuve con mi padre durante trece años. Ya era un hombre de edad cuando nací. Habrá tenido sesenta y seis años entonces. Tengo muy pocos recuerdos de él, y los que tengo son de verlo luchar contra la enfermedad que padeció ya en sus últimos años de vida. Estaba muy chico cuando mi padre sufrió una serie de infartos cerebrales que lo dejaron muy incapacitado. Tuvo que aprender a caminar y leer otra vez, por lo que mis recuerdos son de mi viejo muy disminuido. Aun así, perderlo me hizo mucho daño. Llegué a extrañarlo mucho a pesar de que lo vi enfermo durante bastante tiempo. Sé que no fue un padre típico, pero con todo y eso me hizo mucha falta. Yo no tuve un papá que corriera conmigo ni me aventara la pelota. No tuve eso, pero sí tuve un padre que estuvo presente y cuando se fue me dolió muchísimo. Por un rato me confundí, me rebelé. Me costó trabajo encontrar mi camino. Pero al final lo logré.

Fui el primero de mi familia en graduarme de la universidad. Cuando estaba en el bachillerato me decía, sin que nadie tuviera que escucharlo, que tenía que sobresalir, tenía que aprovechar la oportunidad de educarme y progresar, porque mi padre había venido con nada a este país, aquí tuvo doce hijos, y siendo yo el último debía honrar su esfuerzo. Fue por mi padre y su memoria que luché para recibir ese diploma. Y lo hice. Me recibí de psicólogo y con esa educación empecé a desempeñarme de maestro en escuelas católicas. Trabajé durante años en la dirección de una escuela superior. Y tuve cinco hijos con mi esposa. Me enorgullece decir que les he logrado dar una educación y los he podido llevar de viaje como se merecen. He podido enseñarles otras culturas, otras maneras de ver la vida. En resumen, creo que les he dado todo lo que yo no tuve. Y eso me da orgullo, y quiero pensar que a mi padre también le daría. Si pudiera verlo una vez más, le pediría que me cuente algo de su vida. Quisiera saber cómo creció, quisiera saber cómo se hizo hombre. No me tocó conocer todas esas cosas, eso sí no me tocó.

Hecha en México

«Un día se le acabó la suerte. Lo detuvieron sin papeles ni licencia, y no le tuvieron piedad».

El primero en venir a Estados Unidos fue mi papá. Recuerdo que le dijo a mi mamá que acá le ofrecían mejores trabajos de carpintería y se lanzó a vivir aquí un año. Ya estando acá, mi padre se dio cuenta de que la vida podía ser mejor para todas nosotras y llamó a mi mamá para decirle que debíamos dejar México. Cruzamos por la línea. Nos dieron a todos identificaciones de otras personas, completamente falsas. Al recibirlas nos indicaron que nos aprendiéramos muy bien el nombre de la persona para decírselo al oficial de inmigración cuando nos preguntara. Mi mamá estaba muy nerviosa, pero el que tenía más miedo era mi papá, que había viajado a México a fin de ir por nosotras. Recuerdo que veníamos en fila los tres. Mi mamá y yo pasamos bien, pero a mi papá luego ya no lo vi. Me empecé a preocupar, porque pensé que lo habíamos perdido. Gracias a Dios, no fue así. Parece que tuvo un problema a la hora de recordar el nombre escrito en la identificación y lo detuvieron. Sin embargo, después de un rato lo soltaron y logró reencontrarse con nosotras. De aquello han pasado muchos años ya.

Soy de Morelia, en Michoacán. Me llamo Jessica Aguilar y tengo veintidós años. Cuando era chica, mi padre se dedicaba a la carpintería mientras mi madre me cuidaba. Tengo muy pocos recuerdos de aquellos primeros años. Sé que estuvimos viviendo un tiempo en Morelia, pero como mi mamá es originaria del Distrito Federal, también pasamos una temporada allá en la capital de México con mis abuelos.

Después de un tiempo y de cruzar de modo tan angustioso la frontera, nos quedamos aquí. La vida en Estados Unidos ha sido algo difícil para nosotros. Luego de entrar al país, mi padre nos trajo a Los Ángeles. Él siguió dedicándose a la carpintería y nosotras intentamos adaptarnos poco a poco. Durante un tiempo logramos vivir tranquilos e incluso felices. Tanto así que mi mamá se embarazó de mi hermana. Sin embargo, ese período de tranquilidad no duró mucho. A mi padre lo deportaron y eso cambió todo. Una noche lo encontraron manejando tomado y lo echaron del país. Y no es que mi papá fuera alcohólico. Lo que pasa es que le gustaba mucho la fiesta y un día se le acabó la suerte. Lo detuvieron sin papeles ni licencia, y no le tuvieron piedad. Lo trataron como al peor de los delincuentes. Lo procesaron y lo echaron del país muy rápidamente.

De un día para el otro nos encontramos solas. Mi hermana, que había nacido acá, era apenas una niña. Y yo tenía solo catorce años. Tuve que empezar a trabajar para ayudar a mi mamá. Aprendí lo difícil que puede ser la vida. Mientras tanto, mi padre se fue para Michoacán. Estuvo ahí un año y luego logró volver. Pero, algo ya se había roto entre él y mi mamá: ella ya no quiso estar con él y el matrimonio se acabó. Hoy en día, mi madre se dedica a la costura y yo sigo ayudándola con mi trabajo en una taquería en el mercado de La Paloma, cerca del centro de Los Ángeles. Muchas veces me pregunto si mi vida habría sido distinta si mi padre no hubiera sido deportado. Pienso que tal vez sí, pero yo aprendí mucho de ese tiempo de mi vida. Aprendí que tenemos que trabajar para salir adelante. Y esa es una lección muy importante, sobre todo para nosotros los hispanos.

Ahora tengo más oportunidades que antes, porque me beneficié de la Acción Diferida del presidente Obama. Como me trajeron de chica, pude aplicar y gracias a Dios conseguí esa protección. Gracias a eso me fue posible conseguir trabajo y ahora estoy pensando en ir a la escuela. Esto me ha ayudado mucho, pues me quitó el miedo a ser rechazada. Ahora sé que puedo ir a buscar un trabajo sin el temor de que me saquen solo porque no tengo seguro social. Ahora me siento más tranquila en este país. Aun así, en el corazón traigo a México. Hace algún tiempo decidí tatuarme el águila mexicana junto con las palabras «Hecha en México» aquí en la muñeca del brazo derecho. Lo hice porque nunca se me va a olvidar de dónde vine. Y también lo hice porque cuando saludamos a alguien siempre usamos la mano derecha, y así la persona que me la estrecha siempre sabe de dónde soy, sabe que soy mexicana en lo profundo. Hay gente que se aleja, personas que no quiere saber nada de uno. Sin embargo, yo prefiero que sepan de dónde soy. La verdad de mi vida es que, aunque he vivido aquí muchos años, no siento que pertenezco a Estados Unidos. En cambio, me considero muy mexicana. Ahora enseño la identificación de California y no la de México, pero no por eso me creo más estadounidense. Eso sí, a México no he vuelto desde que me trajeron para acá. A veces me pongo a imaginar cómo es ahora el país donde nací. He escuchado que es muy diferente, que las cosas ya no son como antes. Y claro que me gustaría ir para allá algún día. Pero eso sí: solo iría a visitar a mi familia. No me iría a vivir a México. No, a vivir no.

El mecánico

....

«Mi mamá y ese grupo de señoritas no le
querían hacer mucho caso, porque decían
que era un mecánico mugroso».

Nací en un hospital de monjas del este de Los Ángeles llamado Santa Marta. Mi nombre es Margarita. Mi padre,
que murió hace dieciocho años ya, era de Guanajuato, y mi
mamá es de Jalisco, de El Limón, un pequeño pueblo de apenas dos mil habitantes en el centro del estado. Después la familia se mudó a otro pueblo que se llama La Ciénega y ya más
tarde decidieron irse a la ciudad de Guadalajara. Mi mamá
habla poco de su infancia, pero sí nos ha contado sobre su vida
en la ciudad, ya cuando era adolescente y después una profe-
sionista. Nos cuenta que se iba a nadar, asistía a la iglesia, y de
qué forma se hizo de un empleo como secretaria. Todo eso lo
platica con mucho gusto. Mi papá era mecánico de aviación.
Vivía y trabajaba en Marysville, en el norte de California, pero

con frecuencia viajaba a México de visita. Y fue en uno de esos viajes que la vida los puso frente a frente por primera vez.

Mis padres se conocieron en el aeropuerto de Guadalajara. En ese tiempo se usaba ir a ver los aviones despegar durante los fines de semana, y fue en uno de esos días que mi padre vio a mi mamá por primera vez. Ella iba con sus amistades y seguramente jamás imaginó que se le fuera a acercar un mecánico, sobre todo siendo una mujer con una profesión, cosa que no era tan común en el México de entonces. Dice mi mamá que mi papá la vio y se fue caminando, siguiéndolas a ella y sus amigas. Ella no quería tener nada que ver con él. Mi papá nos contaba que mi mamá y ese grupo de señoritas no le querían hacer mucho caso, porque decían que era un mecánico mugroso. Pero, mi padre era un hombre muy carismático y sabía lo que quería. De alguna manera las convenció de permitirle acompañarlas al centro de la ciudad. Una vez ahí, en un parque cercano, las invitó a unas nieves y siguió cortejando a mi mamá. Al final, quién sabe cómo, ella terminó haciéndole caso. Sin embargo, ese no fue el final de la lucha de mi papá. ¡Al contrario! Él contaba que pasaron once años de novios hasta que logró persuadir a mi mamá para que fuera su esposa. ¡Once años estuvo yendo y viniendo a México a fin de ver a su novia!

Finalmente la convenció y se la trajo a vivir a Los Ángeles. Llegaron a quedarse con un primo en el este de la ciudad y luego aparentemente rentaron en la avenida Eastern. Después nació mi hermano y entonces, con mucho esfuerzo, lograron comprar una pequeña propiedad en Pico Rivera. Tuvieron seis hijos en total y permanecieron juntos toda la vida, hasta que mi papá murió. Yo sé que eso no es muy común. Conozco infinidad de historias de familias que se rompen en el camino. Pienso que mis padres lograron mantenerse juntos debido a que mi mamá tuvo la inteligencia de casarse siendo ya una mujer hecha y derecha. Cuando yo nací ella tenía treinta y cuatro años, es decir, que tuvo su primer hijo a esa edad, ya grande para las costumbres de aquellos tiempos, pero creo que eso los ayudó para salir adelante. Además, mi mamá era un poco mayor que mi papá, algo que también sirvió para mantener una estabilidad en la casa. Nosotros fuimos a la escuela desde chicos. Para mi mamá la educación siempre fue lo más importante. Dos cosas no podían faltar en nuestras vidas: la escuela y aprender a trabajar. Hasta en los veranos nos hacía cumplir con nuestras obligaciones en la casa antes de siquiera pensar en salir a jugar. Mi mamá era y sigue siendo una mujer estricta. Incluso ahora, a sus noventa y cuatro años de edad, todavía quiere ser la persona que manda. Tenemos a una señora que la cuida y mi mamá le dice: «¡Mary, yo soy la que mando, se hace lo que yo digo!». Y la señora le dice que tiene que preguntarme a mí o a mi hermana, pero mi mamá insiste en que ella y solo ella es quien decide. No me sorprende, siempre ha sido una mujer muy valiente y firme. Tuvo que serlo para aprender a sobrellevar la vida después de que murió mi padre, que se fue hace casi ya veinte años. Fue un 19 de octubre. Nosotros ya estábamos grandes, pero la ausencia de mi papá se sintió mucho. Aunque la verdadera jefa de la familia siempre ha sido mi mamá, mi padre era mi padre, el hombre que se sentaba siempre en la cabecera. ¡Cómo no íbamos a extrañarlo!

Con el tiempo yo también hice mi propia familia. Tengo tres hijos. Mi esposo es africano, de Nigeria. Lo conocí en la universidad Cal State Los Ángeles. La cultura de mi marido no es tan distinta a la nuestra. Ellos creen mucho en la educación, son gente muy disciplinada. De pronto chocábamos, porque yo soy la primera generación estadounidense de mi familia y todavía tengo muchas costumbres mexicanas. Y él es nigeriano, así que todavía defiende sus valores originales. Sin embargo, nuestros hijos salieron fortalecidos. Cada uno de ellos tiene tres nombres: uno en inglés, otro en español y uno más en lenguas africanas. Todos hablan español perfectamente y conocen toda la historia mexicana. Aman ir de visita a México. La familia de allá nos recibe muy bien siempre que vamos. Cuando estábamos chicos nos llevaban cada dos años. Era importante que fuéramos a visitar a mi abuelita y a las dos familias. Recuerdo que nos llevaban a la ciudad de Pénjamo, de donde era mi papá, y luego a Guadalajara. Yo también he llevado a mis hijos para que conozcan sus raíces. Ellos tienen rasgos más parecidos a su padre y la gente a veces se sorprende cuando los oye hablar español como mexicanos. Les dicen que seguro son cubanos o caribeños. Pero ellos lo toman con buen humor y explican que su papá es nigeriano y su mamá mexicana. Y yo veo que la gente les contesta: «¡Ah, vaya!». Para mí eso es un gran orgullo.

Abuela no vuelve ya

«Todo aquí es más rápido. Todo
aquí es más egoísta».

Soy de Tecalitlán, Jalisco, la tierra del Mariachi Vargas, el más famoso de todo México. A mí, Baltazar Ramírez, también me gusta el mariachi, pero solo escucharlo. Viví en Tecalitlán hasta los once años de edad y tuve una infancia muy singular, diría yo. Mis padres emigraron y nos dejaron con mi abuela en nuestra tierra. Nos quedamos los cuatro hijos y ellos vinieron a San Fernando. Se oye poco que los dos padres se vayan, pero los míos calcularon que eso era lo que hacía falta para darnos una vida mejor. Y claro que durante un tiempo fue muy triste estar sin ellos. Entre nosotros había una sensación de abandono. ¡Y cómo no! Basta imaginar lo que es para unos niños pequeños abrir los ojos un día y darse cuenta de que ninguno de sus padres está a su lado. Resulta muy difícil, a decir verdad. Sin embargo, mis hermanos y yo entendíamos el esfuerzo, comprendíamos lo que ellos estaban tratando de conseguir. Además, nunca nos faltó nada: mis padres nos hacían llegar recursos que mi abuela administraba. Mi abuelo no estaba con nosotros, porque un tiempo atrás se había ido con otra mujer. Eso sucede mucho en nuestra cultura. Los hombres simplemente se van. Yo creo que se debe a una falta de responsabilidad muy lamentable. Pero sinceramente, nunca nos pesó mucho su ausencia, ni la de mi abuelo ni la de mis padres. Éramos niños muy fuertes guiados por una señora todavía más fuerte, que era mi abuela. Claro que los extrañábamos, sobre todo en fechas especiales como Navidad o los cumpleaños, pero en ningún momento sufrimos.

Mi abuela era una mujer única. Nos sacó adelante como si fuéramos sus propios hijos. Yo nunca tuve que trabajar. Tuve la suerte de poder dedicarme a la escuela gracias al dinero que mandaban mis padres desde California. Me queda claro que fuimos afortunados, porque muchos otros niños sí tenían que dedicar su tiempo a llevar dinero a la casa, pero nosotros no.

Acá en Estados Unidos mi mamá limpiaba casas mientras mi papá trabajaba en la tienda El Tianguis. Debe haber resultado una vida muy dolorosa también: solo trabajar y trabajar por unos hijos a los que amaban, pero que estaban lejos. Debemos haber sido como fantasmas para ellos, fantasmas a los que amaban, pero fantasmas al fin y al cabo. Un esfuerzo enorme para un amor invisible.

Así estuvimos cuatro años hasta que ocurrió un accidente que nos cambió la vida. A mi abuela la atropelló un carro y nosotros nos quedamos desamparados. El plan era que nos quedáramos mucho más tiempo en México, pero lo que le sucedió a mi abuela lo cambió todo. Me acuerdo bien del día del accidente. Mi abuela llevó a mi hermana a la secundaria y al regresar un carro la arrolló y la dejó ahí tirada, toda maltrecha y perdiendo la vida. Mientras tanto, nosotros la estábamos esperando en la casa. No pasó mucho tiempo para que empezáramos a preocuparnos porque ella no volvía y no volvía. Entonces llegó una persona a decirnos que había sido atropellada. Se la llevaron a Ciudad Guzmán y luego a Guadalajara, pero nada pudo hacerse: murió setenta y dos horas después. Todos los hermanos nos quedamos tristes y desconcertados. En lo personal, no volví a sonreír sino hasta que mi padre llegó por nosotros algunos días después. Cuando lo vi de nuevo experimenté un alivio enorme; finalmente me sentí libre y feliz.

Mi padre nos dijo que empacáramos nuestras cosas para viajar a los Estados Unidos. Y así lo hicimos, emocionados por comenzar una nueva vida. A mí me costó muchísimo trabajo adaptarme. Por ejemplo, cuando fuimos el primer día a la escuela y vi que no había tortillas, me pregunté: «¿Qué hago aquí? ¿Qué comida es esta?». La pizza y todo eso me confundió mucho. En realidad, fue a lo primero que tuve que adaptarme. El proceso no resultó fácil. Todo aquí es más rápido. Todo aquí es más egoísta. En México hay más unión, mientras que acá la cultura es individualista y eso lo hace más complicado. Creo que mis padres han sido felices en Estados Unidos, sobre todo ahora que nos tienen a todos juntos. Crecimos como familia en este país. Ahora ellos ya están retirados, pero en su tiempo nos enseñaron a trabajar. Complementaron lo que mi abuela nos había inculcado durante la infancia en México.

Llegué acá a los once años y casi de inmediato comencé a irme con mi papá a arreglar jardines y podar árboles. Trabajábamos los fines de semanas mientras que entre semana iba a la escuela. Era un gran esfuerzo, pero tenía el ejemplo de mi padre y con eso me bastaba. A los catorce años empecé a trabajar en la cadena de tiendas Vallarta, y después me hice de un empleo en la Vons. Siempre supe que quería tener una educación y un negocio propio. Por eso es que fui al Mission College y luego a la UCLA. Al terminar mis estudios me decidí a abrir mi propia empresa y eso es lo que hago ahora. Este país le da oportunidades a quien las quiere. Dios nos da la habilidad todos los días y nosotros tenemos que aprovechar las opciones que él nos brinda. Pero, también hay que crearlas, luchar por lo que uno quiere. Nosotros los hispanos somos así, y eso me da orgullo.

Ahora lo que falta es que nos traten con justicia, ya que ellos recaudan nuestros impuestos, cuentan con que compremos casas y carros para contribuir a la economía, pero no nos permiten compartir los mismos derechos. Pagamos impuestos, pero no tenemos la representación que merecemos. Yo he participado en varias marchas para defender a nuestra comunidad. Me gusta la política. Después de hacerme ciudadano, lo primero que hice fue registrarme para votar. Eso para mí es muy importante. He visto muchas cosas malas, pero todavía creo en la justicia. Pienso que si todos trabajamos nos tienen que dar las mismas ventajas. Solo pedimos igualdad plena. Le hemos dado mucho a esta sociedad y merecemos que nos paguen con la misma moneda. Si los políticos hacen bien las cosas, hay que felicitarlos; pero si las hacen mal, pues entonces hay que jalarles las orejas. Es la gran ventaja de vivir en Estados Unidos.

Rancho Los Amigos

«Soy uno de un montón de niños, de los
cuales ya casi ni recuerdo los nombres».

A la migra le digo que nací aquí en Los Ángeles, pero soy de Tijuana. Mi nombre es Isaac Contreras y nací allá, en la colonia Francisco Villa, en 1967. Soy uno de un montón de niños, de los cuales ya casi ni recuerdo los nombres. Mi papá era un ciudadano estadounidense que conoció a muchas mujeres en Tijuana y tuvo muchos hijos, siendo todos mis hermanos y hermanas. Sin embargo, yo ya no me comunico con ellos. Mi papá era de Texas. Murió hace más o menos diez años. Me parece que era obrero. De lo que sí estoy seguro es de que trabajaba bien duro para todos nosotros. Siempre quiso darnos un techo. Él siempre explicaba que la educación y la dedicación eran dos valores muy importantes en la vida. Mi mamá era mexicana y ya murió también. No sé exactamente cómo se conocieron, pero mi mamá trabajaba de mesera en un club y me parece que ahí se encontraron por primera vez. Eso es lo que pienso que sucedió. Mi padre tuvo tres hijos con ella, pero varios más con otras señoras no solo en México, sino también en Estados Unidos. Mis hermanos están ahora en Tijuana.

Pensar en mi infancia me cuesta algo de trabajo. Mis primeros años no fueron fáciles. Me enfermé de polio siendo muy chico y tal cosa me marcó para siempre. Los músculos de las piernas no me respondían y terminé en una silla de ruedas. Eso fue difícil para mi madre, que no sabía qué hacer conmigo. Ella era una mujer muy seria e incluso fría. Me miraba con ojos de pregunta, como quien tiene enfrente un acertijo que no puede responder. Y ahí fue donde entró mi padre en la historia. Yo tenía una relación de afecto con él, pero nunca nos acercamos mucho. Y es que fui casi el último de sus hijos, su niño más pequeño. Aun así, me quería mucho. Un día fue a Tijuana y me encontró enfermo y desnutrido. No estaba comiendo como antes, no me paraba ya en mi camita de bebé. Creo que él pensó que me iba a morir, y quizá no le faltaba razón. Mi situación era crítica, entre la enfermedad y el descuido. El caso es que mi padre me miró y decidió salvarme. Fue él quien me trajo a Estados Unidos para intentar ayudarme con la enfermedad. Como era estadounidense, me agarró y me llevó al Rancho Los Amigos, un centro de rehabilitación física, y ahí me trataron.

Mi padre conocía bien California, porque tenía una casa en Los Ángeles. Eso salvó mi vida. No sé cuándo descubrieron que yo tenía polio, pero en ese hospital me diagnosticaron por completo y me trataron muy bien. La enfermedad ya estaba muy avanzada, así que hicieron lo que pudieron para darme una vida lo más normal posible. Mi madre se quedó en Tijuana. Ella prefería tener sus casas allá y rechazó la posibilidad de venir a Estados Unidos. Mi papá le decía que yo solo iba a progresar viviendo en este país. Sin embargo, ante la terquedad de mi mamá, mi padre me separó de mi familia mexicana. Y tenía razón, porque los Estados Unidos son un lugar mucho mejor para personas como yo, que tienen discapacidades.

No sé qué me habría ocurrido si me hubiera quedado en México, pero muy seguramente no estaría aquí. Una vez en Tijuana conocí a alguien como yo, un hombre que también sufrió de polio. Y se veía mucho peor, más gastado, más triste y viejo. Y eso que éramos de la misma edad y todo. Así que por un lado sé que estoy vivo gracias a que mi padre me trajo para acá. Pero de ahí a decir que mi vida fue mejor porque estoy en Estados Unidos, eso me parece más discutible. Sé que suena raro, pero es la verdad. Me quedé sin hermanos ni hermanas, me quedé sin familia. En ese hospital me sentía muy solitario. Ahí me criaron entre mucha soledad. Mi padre me visitaba solo algunos fines de semana. Me sacaba a pasear y luego me dejaba de nuevo en el hospital. Así pasó mucho tiempo. Y como mi padre nunca fue un hombre muy cariñoso, extrañaba mucho a los míos, aunque estuvieran en un lugar como Tijuana y con todas las carencias que teníamos. En cierto sentido podemos decir que cambié mi corazón por mi salud. Después, cuando crecí, mi padre nos puso una casa a uno de mis hermanos y a mí. Eso fue muy duro. Mi hermano no me dejaba vivir gratis con él. Me cobraba renta para permitirme quedarme. Y no solo eso: me pegaba mucho, aprovechándose de mi discapacidad.

Me daba unas palizas tremendas y dolorosas. A veces pienso que no hay razón para que esté vivo, pero aquí estoy. Pienso que mucho de eso lo logré gracias a este país.

Acá me di cuenta de que podía vencer todos los retos que me planteaba la enfermedad. La polio me ha retrasado y detenido un poquito, pero no impidió que fuera una persona normal. Fui a las escuelas normales y así crecí, siempre sabiendo cuidarme. También me gusta el deporte. Me encanta jugar al básquetbol en silla de ruedas. Mi enfermedad tampoco ha sido un impedimento para encontrar el amor, aunque eso fue más difícil para mí. Estuve con una mujer que me faltó al respeto y me fue infiel, lo cual resultó humillante y me provocó mucha angustia. Y además, tampoco tenía una familia que me apoyara. Pasé por momentos muy desesperantes. Sin embargo, justo entonces tuve la suerte de toparme con mi mujer. Nos conocimos en San Diego, en un supermercado. Pienso que Dios nos puso a uno en el camino del otro. Yo la necesitaba y ella a mí también. Es una buena mujer, con un gran corazón. Con el tiempo pude volver a Tijuana por un tiempo. Fui con mi esposa y vimos a mi mamá. Me acuerdo de que se portó algo fría conmigo, como si no me conociera. Habían pasado veinte años y lo único que me dijo fue: «Hola, hijo». Pero no me importó. Yo lo que quería era volver a estar cerca de toda mi familia. Y así fue. Por un tiempo me reencontré con ellos, con mi origen. Fue bonito, pero muy pronto empecé a sentir que mi destino no estaba allá, sino más bien de este lado de la frontera. No me quería quedar en Tijuana y por eso me regresé a los pocos días. Hoy, lo que quisiera es traerlos a todos ellos para acá. Mi mamá ya se murió. Un día alguien me llamó para avisarme que se había muerto. Por desgracia no pude estar presente en su funeral. Ya no quise viajar. ¿Para qué? ¿Con qué propósito? Ya no valía la pena. Acá la vida es muy distinta, acá la vida es posible. Y aunque hoy por hoy no tengo trabajo, estoy seguro de que sé cómo hacer dinero. Solo espero una oportunidad.

Un hombre
sin miedo

«No me importaba caerme ni hacerme daño. Sabía que podía morir en cualquier momento, pero me daba igual».

Mi madre acababa de llegar a Estados Unidos y trabajaba en una casa. Tenía diecisiete años. Un día mi papá la vio cuando salió a dejar la basura y empezó a querer hablarle. Sin embargo, ella se puso brava y le dijo que no le estuviera quitando el tiempo. Y como mi madre había sido criada en un rancho, pues no había hecho ninguna amistad. Era muy desconfiada. Mi papá cuenta que desde que la vio se dijo: «Esta mujer va a ser mía, cuésteme lo que me cueste». Y hasta hoy mi mamá le sigue respondiendo: «¡Y todavía te cuesta!». A la fecha siguen juntos. A pesar de que mi papá ha tenido sus mujeres, mi mamá se quedó ahí, con él. Mi nombre es

Fernando Ramírez y nací en México, ya que mi padre se llevó a mi madre para allá. Lo que pasa es que mis tíos, los hermanos de mi mamá, se la quisieron quitar a mi papá. Y pues él la agarró y se la llevó a México. Y allá tuvieron familia, allá nací yo, en Jalisco. Crecí en la sierra, lejos del pueblo y más lejos aún de la ciudad. La nuestra era la última casa pegada a la sierra. Así crecí hasta los nueve años, cuando mi papá nos mandó a traer para acá. Yo la verdad no quería venir. Siempre le pedí a mi papá que me dejara en México con mi abuelo. Pero él me decía que no, que quién me iba a mantener. Así que terminé acá, viviendo en un cuarto pequeño con dos familias más.

Mi padre es jalisciense, aunque mi madre es de Michoacán. Es un hombre muy fuerte, que ha conseguido todo lo que ha querido. Desde muy chico tuvo una enorme responsabilidad. Mi abuela, su madre, murió muy joven. Luego mi abuelo se casó con otra mujer, y esa señora no quería ni a mi padre ni a ninguno de mis tíos. Mi papá tenía como cinco años apenas, pero desde esa edad tuvo que criar a sus hermanos. Como su madrastra los rechazó, él no tuvo otra opción. Mi papá dice que desde los cinco años tenía que andarles preparando el biberón y cambiándoles los pañales a sus hermanos más chicos. Mi abuelo se dedicaba a vender la cosecha o los animales y luego ese dinero se lo bebía. Uno o dos meses se iba de su casa a perderse semanas y semanas, hundido en el alcohol. Así pasaron algunos años y mi papá se hizo indomable. Tanto así que, a los doce años, mi abuelo lo corrió de la casa. La razón siempre me ha impresionado.

Cuenta mi padre que su madrastra no les quería dar de comer una tarde. Uno de los hermanos más chicos de mi papá, uno de mis tíos, agarró una tortilla del comal y se echó a correr. Y entonces la madrastra lo persiguió con un leño en llamas. Cuando lo alcanzó le arrancó la tortilla de la boca y lo quemó con la madera ardiendo en la espalda. Mi papá asegura que todavía se acuerda de los gritos de su hermano. Después de eso, los dos juraron venganza. Hicieron planes para matar a su madrastra. Un día fueron por una soga y la ataron a un árbol. Entre los dos amarraron a esa mujer y la empezaron a levantar del suelo. De no ser porque mi abuelo alcanzó a llegar a tiempo, ella hubiera muerto y mi padre seguramente habría ido a dar a la cárcel. Sin embargo, mi abuelo logró salvar a su esposa de morir y el que pagó las consecuencias fue mi padre. Mi abuelo lo repudió y lo echó a patadas de su casa. Eso lo marcó para toda la vida.

Y es que mi papá siempre ha sido una persona muy inteligente, bien avispado. En la escuela era el número uno. Los maestros lo querían mucho. Pero también era el número uno para el desastre. Las niñas de su edad le gustaban mucho y pues así fue. Y como mi abuelo no supo educarlo, creo que se le salió de las manos. Mi papá terminó siendo un gran problema para mi abuelo y para todos. Después de que lo corrieron de la casa, se fue a Guadalajara con una tía que lo estimaba mucho. Y ya en la ciudad, pues se puso mucho peor. ¡Se volvió más vago aún!

Le dio por viajar a través de todo México, tanto que hasta la fecha dice que conoce el país como la palma de su mano. Al final se cansó y se lanzó a la mayor aventura de todas. Un buen día decidió irse a ganar unos dólares. Al poco tiempo agarró el tren con los centroamericanos y vino para Estados Unidos. Tenía solo doce años y vino solo, sin amigos. Nunca le gustó estar en grupo. Siempre anduvo solo, desde que salió de casa de su padre hasta que se encontró en una tierra que no era la suya. Él dice que si estaba con amigos no se podía mover a gusto. Prefería ser completamente libre. Cuando llegó a Estados Unidos vivió sin amparo alguno, en los puentes de la Sawtelle y la 405. Pasó semanas así, jodido. Fue la pandilla de Culver City la que vio que vivía en la calle y que era un tipo muy astuto, de modo que terminaron adoptándolo. Sin embargo, no duró mucho ahí. Tuvo algunos problemas y decidió dejar esa vida. Uno de los policías que lo agarraron quiso ayudarlo. Le vio potencial, pues se dio cuenta de que mi papá era de verdad muy inteligente. Ese policía lo quiso sacar adelante, le pagó una fianza y le consiguió trabajo en un restaurante. Pero, tampoco allí duró mucho. Al poco tiempo se enfadó y abandonó el empleo, porque lo de él era andar de vago. Después de eso ya no supo más del policía que lo ayudó. A veces nos dice que siente que le falló al oficial, sobre todo por el gran apoyo que le dio, pero no sabía actuar de otra manera. Eso fue porque no había tenido educación, era como un caballo bronco que no sabe bien lo que hace. El caso es que, después de estar en ese restaurante, empezó a trabajar en el negocio de la jardinería. Ahí también tuvo la suerte de encontrar un mentor, una persona que lo guió. Un día empezó a ver que buscaban gente para llevársela a laborar a los jardines. Dice que una vez lo contrató un señor de origen japonés. Era jardinero y hablaba más o menos español. Empezaron a platicar y se pusieron de acuerdo para trabajar juntos. Mi papá se llama Luis, pero este señor quién sabe por qué le puso otro nombre. Le dijo: «Ahora tú te llamas Cornelio». Y así lo traía de aquí para allá: «¡Cornelio, ven! ¡Cornelio, te dije que hicieras esto!». Mi papá dice que la verdad no sabe por qué aguantó tanto tiempo a ese jardinero. Y es que le gritaba en todo momento. Aun así, mi papá no se iba. Él hoy asegura que le aguantó más a ese señor que a mi abuelo. Lo que no sabía era que, sin darse cuenta, fue aprendiendo un oficio. Y así fue que mi padre se hizo jardinero también y encontró lo que realmente quería ser en la vida. Fue por ese entonces que conoció a mi mamá.

Yo era muy malo para la escuela. No me interesaba nada. Toda la primaria me la pasé descuidando el estudio. Y mis papás no se enteraban de nada. Mi mamá estaba muy ocupada con mis hermanos y mi papá trabajaba todo el día. Todo se acabó cuando tuve la mala o la buena suerte de que mi papá se animara a ir a una plática que teníamos con mi maestra. Cuando lo vio llegar, ella se puso muy seria y le dijo: «Usted es el peor padre que yo conozco». Y entonces le enseñó un paquete de exámenes supuestamente firmados por él. Mi padre no sabía que yo había imitado su firma, pero cuando se dio cuenta, agarró uno y me lo aventó sin voltearse a mirarme. «Yo no firmé estos papeles», le explicó a la maestra. En el camino de regreso a la casa no pronunció ni una palabra. Cuando nos bajamos de la camioneta, lo único que me dijo fue: «No te olvides de tus papeles». Yo me bajé con mis exámenes y empecé a pensar. Desde ese momento cambié. Toda la secundaria y la preparatoria la saqué con puras «A». Le llevé cada examen a mi papá para que los viera. Él solo me miraba y me indicaba que estaba bien. No decía nada más, ni de un lado ni del otro. Cuando me gradué de preparatoria fue por mí, me miró a los ojos y me dijo: «Bueno, pues vámonos a trabajar». Nunca volvimos a hablar del asunto. En aquel entonces yo soñaba con ser rico. Mi ilusión era algún día tener un Porsche 911 como los que veía por las calles. Y creo que lo pude haber logrado. Resulta que yo tenía una beca a fin de estudiar para chef en el Culinary Institute of America. Una beca que era de más de sesenta mil dólares. Me la gané gracias a un concurso de cocina al que entré al final de mis años de preparatoria. Luego empecé a trabajar en restaurantes. Hasta estuve en el famoso Spago, en la línea de los postres. Yo era el que preparaba los platos para dárselos a las meseras. Después me iba a ir a estudiar a Nueva York, ese era mi sueño, pero pues luego ya no me fui. No sé por qué. De verdad que no sé el motivo, pero no aproveché eso. En mi casa todavía tengo las aplicaciones para la beca. Cuando decidí que no quería irme a Nueva York, fui con mi papá y le dije que quería ayudarlo con los jardines. Le expliqué que ya no iba a estudiar y tampoco iba a regresar al restaurante. Y así fue, de un día para otro y sanseacabó. Con mi padre escogí ser podador. Me subía a las palmeras, hasta arriba, a podarlas. No me daba miedo nada. Yo creo que estaba tan decepcionado por no poder cumplir mis sueños que nada me interesaba. A veces me subía a un árbol y mi papá me regañaba, ya que no me ponía todo el equipo de seguridad. Y varias de esas veces me caí, poniendo en riesgo mi vida. Me di golpes muy fuertes, muy peligrosos. Mi padre me miraba alarmado, pero yo me levantaba para enseñarle que no me daba miedo. Era muy terco. No me importaba caerme ni hacerme daño. Sabía que podía morir en cualquier momento, pero me daba igual. En el fondo fue una época muy triste de mi vida.

Y entonces ocurrió el accidente.

Recuerdo muy poco de ese día, sábado 26 de junio de 2004. Me acuerdo que había despertado sin energía. Teníamos un compromiso para ir a arreglar un sistema de riego en un jardín, aunque yo no sentía ganas de nada. Mi madre me ofreció algo de almorzar, pero no quería ni moverme. Era un cansancio muy extraño, como si la vida me estuviera diciendo que ese día era mejor cancelarlo. Luego se nos descompuso la camioneta en la que íbamos. Todo salió mal ese día. Trabajamos toda la mañana y ya por la tarde volvimos a la casa. Uno de mis amigos, mi primo y yo decidimos salir un rato en motocicleta, lo cual nos gustaba mucho. Mi padre nos decía que tuviéramos cuidado. Se preocupaba mucho por nosotros cuando salíamos a pasear. «Cuando tengas hijos vas a entender», me advertía siempre. Pero a mí no me importaba. Me sentía invencible. Ya fuera subiendo hasta la punta de la copa de una palmera o andando en la motocicleta, pensaba que nada me podía ocurrir. Estaba muy equivocado.

Yo tenía una Harley Davidson 1200 Sportster; mi primo Manuel, que era mi mejor amigo, andaba en una Honda Shadow 750; y mi amigo iba en una Harley Softail. Nuestro plan era dar una vuelta, nada más. Agarramos rumbo en Cahuenga Boulevard. Íbamos felices, en una noche tranquila. Pero la vida cambia en un segundo. Cerca de Hollywood Bowl, donde está la rampa para subir a la 101, nos topamos con una pesadilla. Un hombre de setenta y tantos años que venía manejando una Chevy Blazer invadió nuestro carril. Tiempo después nos enteramos de que el tipo venía borracho y bajo la influencia de las drogas, con una prostituta joven al lado. A veces, entre sueños, recuerdo que traté de esquivarlo y de avisarles a mi primo y mi amigo. Pero, fue imposible hacerlo. Chocamos a noventa kilómetros por hora. El impacto fue durísimo. A mí me pegó del lado izquierdo y me echó a volar. Cuando caí ya traía rota la mitad del cuerpo, con un brazo y una pierna destrozados, y la vista del ojo derecho perdida para siempre. Mi primo Manuel venía varios metros detrás de mí. Hasta el día de hoy no sé bien por qué no logró evitar el golpe. El caso es que la camioneta le pegó de frente y lo mató casi de inmediato. Mi amigo que venía de tercero en la fila lo vio todo y de la impresión se le derramó la bilis. Fue un accidente muy violento.

Cuando nos recogió la ambulancia me llevaron al hospital Cedars Sinai. Para mis padres fueron días terribles. Yo no traía identificación y se tardaron casi tres días en hallar una pequeña tarjeta que mi primo llevaba guardada en una bolsa en la motocicleta. Gracias a eso lograron localizar a mi familia para informarles lo que había pasado. Le hablaron a la esposa de mi primo y le dijeron que había sucedido un accidente y que uno de los heridos estaba en ese hospital de Los Ángeles. Ella les avisó a mis padres y fueron a ver de quién se trataba.

Estuve en el hospital tres meses. El proceso de recuperación fue muy largo. Tengo placas a lo largo de todo el brazo y tornillos como si fuera un robot. Mi codo es artificial, lo mismo que la cabeza del fémur. Con el ojo derecho no veo prácticamente nada, solo luz y sombras. En septiembre me llevaron al Rancho Los Amigos, un centro de rehabilitación. Y ese momento es el primero que recuerdo. Tengo tres meses enteros completamente borrados de la memoria.

El accidente me enseñó a pensar las cosas bien. Antes yo me sentía invencible. Como era podador, me podía trepar a las casas y los árboles. No me importaba nada. Sin embargo, el accidente lo cambió todo, empezando por la manera en que realizo mi trabajo. No es lo mismo trabajar en la jardinería con el cuerpo que tenía antes del accidente a hacerlo con piernas y brazos remendados. Aun así, continúo en la lucha. Soy un hombre todavía muy joven y hace tiempo decidí que nada, ni ese encuentro cercano con la muerte, me iba a vencer. Y mucho menos ahora que ya tengo hijos. Ellos dependen de mí y cualquier cosa que me ocurra tiene consecuencias. Y es que para ser honesto, el momento que más ha marcado mi vida no fue el choque. Claro que eso estableció un antes y un después, pero mi vida fue realmente diferente en el momento en que nació mi hijo. Mi padre tenía razón: uno no sabe lo que es la preocupación hasta que tiene hijos propios. Y más en mi caso, porque veo que el mío se parece mucho a mí. No tiene miedo de nada. Se trepa en el respaldo de las sillas, en las mesas, por detrás de los sofás. Lo veo arriesgarse y lo hace sin miedo. Y entonces pienso que ahora sí voy a pagar todas las que le hice pasar a mi papá. Ahora que soy padre finalmente entiendo lo que es ser hijo.

Ana y Taylor

··

«Son como dos fuerzas que jalan mi corazón».

Mi nombre es Ana Gómez. Viví en Morelia, Michoacán, hasta mis catorce años. Hoy tengo veintiséis años recién
cumplidos. Recuerdo muchas cosas de aquellos tiempos, pero
lo primero que me viene a la mente es la catedral moreliana.
Ese era mi lugar preferido. También me acuerdo mucho de las
misas de domingo, las plazas y la gente, que es muy cálida. Las
casas eran muy bellas, construidas con un sentido muy estéti-
co. Por todos lados había artesanías y colores, o por lo menos
así lo recuerdo yo. Se trata de un lugar que tiene mucho que
ofrecer. Ahora hay mucha violencia allá, pero cuando yo era
pequeña no había eso. Me acuerdo de ver a los niños jugando
fútbol en la calle, escondiéndose, corriendo, saltando la cuerda,
pero siempre en la calle. Ahora ya todo es muy distinto. Uno
se arriesga mucho si se queda fuera de casa hasta tarde. Todo
puede pasar en estos tiempos en Michoacán. Sin embargo, no

era así cuando yo vivía allá, o por lo menos no recuerdo haber vivido con angustia.

Tuve dos hermanas y tres hermanos. Mi mamá era ama de casa y mi papá se dedicaba a la albañilería. Nuestra vida fue buena, pero justo con lo necesario, ni más ni menos. Nada de lujos, pero tampoco grandes limitaciones. Vivíamos con modestia, pero muy dignamente. Así fui creciendo hasta que un día mi hermana la mayor se casó y vino a vivir a Estados Unidos. Una vez que estuvo acá, trajo al más grande de mis hermanos. Para mí fue muy difícil ver que mi familia se separaba por el ideal de buscar un sueño en el norte, pero también aprendí a respetar los motivos de mis hermanos.

Me acuerdo que mi hermano el más grande empezó a trabajar en la construcción y comenzó a ahorrar junto con mi hermana a fin de forjar un mejor futuro para todos los demás. Poco a poco fuimos viniendo uno a uno. Así fue que llegamos acá. A mí al principio me impresionaron mucho los Estados Unidos. No puedo decir que me sentía en casa. Más bien resultaba lo contrario: las diferencias con Morelia eran muchas y me pesaron de inmediato. Ahora ya me acostumbré y agradezco lo que tengo. Pero todavía hoy extraño mucho mi vida en México. Añoro el tipo de hábitos que hay allá. Por ejemplo, la convivencia con los vecinos. Allá los vecinos son los de siempre, los que han estado ahí desde que uno era niño. Acá las cosas son muy diferentes: un vecino solo dura tres meses y luego se va, llegan otros y vuelven a irse al mismo tiempo que otro departamento se desocupa. No hay estabilidad ni familiaridad. Y nunca sabes quién vive junto a ti. No puedes ni establecer relaciones. Allá es todo lo contrario. Se hacen amistades que duran generaciones. Mi mamá conocía a toda la gente de ahí. La suya fue la quinta generación en ese lugar donde crecimos, así que ella tenía amistad con gente viejísima. Eso le da a uno confianza y cierta tranquilidad.

Acá sí he podido hacer algunos amigos, pero no es lo mismo. No vives con ellos como vecinos, pues se van a otras ciudades y es difícil mantener un contacto. Lo que me cambió la vida fue acercarme a Taylor, el padre de mi hija. Lo conocí en el trabajo. Él es una persona muy cálida y amable. Hemos mantenido una relación desde que yo tenía dieciocho años. Gozamos de una buena química desde el comienzo. La compañía donde nos conocimos es de diseño de páginas de Internet. Yo trabajaba como secretaria y él era el encargado de mercadotecnia. Desde entonces estamos juntos. Ya tenemos una relación de ocho años y una hija.

Tener una hija con un estadounidense sí es bien distinto. Para empezar, están los retos del idioma. El padre de mi bebé no habla español. Mi familia solo habla español y la suya solo inglés. Así que yo soy la traductora de ambos lados. Sin embargo, mi hija ha sido bendecida con mucho amor de las dos partes, de las dos familias.

Cuando pienso en su futuro como una niña bicultural, siento que me encantaría llevarla a México para que ella misma viva lo que es el país de su mamá. Me interesa mucho que perciba la diferencia entre un lugar y otro. Quiero que conozca el arte mexicano. Me encantaría llevarla al santuario de la mariposa monarca. Que fuera a la catedral y las mismas plazas que yo visité. No quiero imponerle nada ni influir en su opinión sobre México. Mi sueño es que ella misma descubra todo, con sus propios ojos y el corazón abierto a la experiencia.

Aun así, no puedo negar que me gustaría que creciera acá, en Estados Unidos. Ahora nosotros vivimos aquí y no creo que su papá quisiera ir a vivir a México. La verdad es que son como dos fuerzas que jalan mi corazón: por un lado están mis recuerdos de mi tierra y por el otro mi vida acá, mi hija y mi esposo. Siento melancolía al recordar la casa donde vivía. Mi marido siempre me pregunta cómo eran las cosas y yo le muestro fotos de la manera en que vivíamos. Le cuento sobre nuestra cultura. Pero a pesar de todo, a pesar de tener las emociones divididas entre dos países que han sido importantes para mí, aun así soy una mujer feliz. Estoy extremadamente satisfecha con mi hija.

El único sueño que me falta por cumplir es viajar. Quisiera llevar a mi hija a diferentes lugares. Si pudiera escoger un país que visitar, escogería Tailandia. He oído que es un lugar muy verde, un sitio muy diferente a todos los que he visto. Dicen que parece otro mundo. Y yo lo que quiero ahora es ver algo distinto.

Los colores
del huizache

....

«"No me hables en esa lengua bárbara",
me decía. "Háblame en cristiano"».

Mi mamá llegó de un pequeño pueblo en el sur de
Guanajuato que se llama Huanímaro. Creció al lado de su
bisabuela, porque su mamá se había ido muy joven a vivir a
Chicago. A su papá no lo conoció hasta los seis años, cuando
llegaron los federales al pueblo y él iba como parte de la tropa.
Pasaron los años y mi madre creció, siempre soñando con volver a ver a sus padres. La oportunidad se le presentó cuando
su mamá la invitó a venir con ella a Chicago, hasta donde llegó
siendo una adolescente, con dieciséis años nada más.

Para entonces mi mamá ya se había casado una vez. Según
contaba, su primer marido le había roto el corazón de tal
manera que decidió ir a buscar una vida distinta a Estados

Unidos. Recordaba que al llegar a este país vivió amontonada en un conjunto lleno de inmigrantes de otro sitios, como polacos, italianos y, por supuesto, también muchos mexicanos. Los paisanos encontraban trabajo en lo que fuera, sobre todo en los ferrocarriles o alguna de las grandes fábricas que había en la región.

Así comenzó mi madre su vida en este país. Al poco tiempo conoció a mi padre, que era un músico mexicano muy refinado que se había mudado a Topeka, Kansas años atrás. Él también era guanajuatense, pero en una gira con su orquesta por Estados Unidos decidió quedarse en este país. Eso habrá sido alrededor de 1915.

La historia de amor de mis padres es muy interesante, con sus tintes de tragedia. Mi padre había estado casado antes con una mujer que luego enfermó y murió de tuberculosis. Después conoció a mi mamá y se enamoró profundamente de ella. Los dos se ayudaron mutuamente a sanar el corazón. Empezaron a vivir juntos en Chicago, pero luego mi abuela murió y mi madre se quedó a la deriva. Mientras tanto, el padre de mi mamá, mi abuelo, ya había venido a Los Ángeles. Durante la Revolución Mexicana se había casado con otra mujer y echado raíces en California. Mi abuelo tuvo muchos hijos acá y formó una gran familia. Cuando mi mamá supo que su papá estaba en la costa oeste del país, decidió hacer maletas y venir a jugársela acá. Al principio vino ella sola y mi padre se quedó en Chicago. Sin embargo, eso no duró mucho tiempo, pues él la alcanzó algunos meses después y pronto construyeron una familia.

Yo, Ofelia Esparza, nací en el este de Los Ángeles en 1932. Soy producto de esos primero años que vivieron mis padres en tierra californiana. La vida resultó difícil, sobre todo para mi papá. Siendo músico, era un hombre muy suave y elegante. Lo primero que hizo fue vender su flauta, que era un hermoso instrumento de plata, para tratar de ayudar a su familia. Mi madre cuenta que lloraba de tristeza por tener que separarse de un objeto tan bello y que además le había permitido expresarse plenamente durante tantos años. Para su desgracia, el sacrificio aquel le sirvió de muy poco. Los tiempos eran amargos, con la depresión económica persiguiendo a todo el mundo. Muy pronto, la gran crisis de los años treinta lo obligó a trabajar en cosas que para él eran demasiados toscas. Empezó a laborar en una ladrillera con algunos de los paisanos de mi mamá. En otra ocasión trabajó en una fábrica de asbesto. El polvo del asbesto y los ladrillos terminó por acabarlo. Cuando mi hermana pequeña tenía apenas un año y medio lo diagnosticaron con tuberculosis avanzada. En aquel tiempo se usaba separar a las personas que sufrían esa enfermedad. Eso fue lo que le sucedió a mi padre. Él se fue y nunca más volvió a casa. Casi de un día para otro desapareció, como un hombre enviado al exilio más injusto. Me da tristeza pensar en el destino de mi padre.

El caso es que, después de algunos años, mi mamá se divorció para luego volver a casarse con otro mexicano. En realidad fue él quien nos crió. Para ese entonces la enfermedad ya se había llevado a mi papá, así que mi padrastro rápidamente ocupó ese sitio que tanta falta nos hacía. Era un hombre muy bueno, muy gentil. Y mi mamá era una mujer muy fuerte y creativa, muy artista. Hacía de todo: prendas, flores, dibujos, tejidos. Era conocida por eso. En cambio, mi padrastro era quieto, calmado, no había problema que lo sacara de su equilibrio. En muchos sentidos uno era el complemento perfecto para la otra persona. Yo tuve una niñez muy bonita, porque en el enorme barrio que era el este de la ciudad toda la gente se conocía. Los vecinos eran como mi familia. Si un niño hacía travesuras, todos nos podían regañar. Éramos como parte de la misma enorme familia, esa era la sensación. Había un lindo sentido de comunidad.

Mi mamá me describía muchas cosas de México. Me hablaba de las costumbres, los olores, el color de los árboles, la música. Me contaba acerca de las procesiones, los santos, las fiestas. Cuando ella me hablaba con tanta nostalgia, recuerdo haber pensado cuán parecidas eran sus remembranzas a lo que en aquel tiempo podía verse en Los Ángeles. Entonces yo le decía que acá también había todo lo que ella recordaba. Siempre he dicho que este lugar, aquí, también es México. Sin embargo, lo más curioso es que yo no conocí al verdadero México sino hasta 1977. No sé por qué tardamos tanto en visitar la tierra original de mis padres. Después de todo, mi madre iba para allá cada año con mi padrastro. Siempre me lo he preguntado.

Cuando finalmente pude viajar a México, me dirigí a Huanímaro, el pueblo de mi mamá. Y ahí me sucedió algo muy especial. Sentí como si conociera cada rincón de ese lugar. Mi madre me había descrito todo con tanto cuidado que pude guardar detalle tras detalle en la memoria. Me había contado, por ejemplo, de los colores bellos del árbol huizache, sus formas caprichosas y la manera como da sombra. Así que cuando llegué al pueblo, reconocí al huizache en el momento en que lo vi. Lo mismo me ocurrió con las flores. Mi madre hacía flores de papel como artesanía y me enseñó a identificar muchas por las formas de sus pétalos, las tonalidades, el largo de los tallos. En el momento en que llegué a Guanajuato podía nombrar no solo las plantas, sino las calles, las casas y todo. Me di cuenta de que había visto a México antes a través de los ojos bellos de mi mamá. Fue ella quien me enseñó a valorar no solo mis orígenes, sino el arte en general. Un día llegó a casa con un libro de Diego Rivera y desde entonces me enamoré de su manera de pintar todo lo mexicano. ¡Me impresionó mucho! Pensé que las caras de Diego se parecían a la mía, las de mis vecinos y las de mi familia. Me identifiqué con esos rostros mexicanos.

Desde chica empecé a dibujar y con el tiempo se volvió mi oficio. Fui maestra, pero sobre todo me dediqué a pintar, siempre con México y lo mexicano en el corazón. Quizá esto fue un acto de rebeldía. Resulta que en la escuela no nos dejaban hablar español. En aquella época estaba mal visto que uno hablara español en lugar de inglés. Incluso había alguien allí que nos pegaba con una regla si nos escuchaba usar el idioma español. Nos golpeaban en las manos solo por expresarnos en la lengua que usábamos en casa. Muchos se echaron para atrás y olvidaron el idioma de nuestros padres, pero yo no. Mi madre me ayudó mucho, me animó para que no dejara morir el español: «No me hables en esa lengua bárbara», me decía. «Háblame en cristiano». Y eso fue lo que hice. Gracias a ella nunca perdí la capacidad de hablar en español.

Mi madre murió en 1991. Vivió hasta los ochenta y siete años. Lo último que me dijo fue algo doloroso. A ella le gustaba hacer nacimientos típicos mexicanos. Y al final de su vida, lo que más le ilusionaba era ver el nacimiento que había diseñado. No quería quitarlo. Habían pasado ya meses desde la época de Navidad y mi mamá se negaba a guardar el nacimiento. Por ese entonces yo tenía a una señora que me ayudaba a limpiar, y ella un día simplemente lo retiró sin preguntarme. Mi mamá había estado en el hospital y cuando llegó a la casa, se quedó mirando el espacio donde había estado su nacimiento. Luego me miró y me dijo: «Quitaste algo que estaba cerca de mi corazón. Mi nacimiento era mi México». Se puso molesta conmigo, pero lo que quería decirme con ese reclamo era que nunca debemos olvidar el lugar de donde venimos, que jamás debemos borrar de la memoria nuestro origen. En el fondo quería decirme que nunca, nunca, yo debía deshacerme del recuerdo de México. Mejor es sentir orgullo; mejor es que lo sepa el mundo entero. Parecía decirme: «Ustedes son estadounidenses, pero no se les olvide de donde vienen. Siempre honren, respeten y acuérdense de sus antepasados y su tierra». Y yo vivo con eso en el corazón cada día. Y así me voy a morir.

La conquista

del norte

Oaxacalifornia

·······································

«La llegada siempre era una fiesta,
pero la despedida era puro dolor».

Al principio no pensé que los Estados Unidos pudieran ser una opción para mí. Mi familia tenía un negocio y por un tiempo creí que eso iba a ser suficiente. Lo que pasa es que siempre hay alguien que ha estado en el norte y le calienta a uno la cabeza. En mi caso fueron unos primos que iban a Tlacolula, Oaxaca, y nos contaban historias acerca de que aquí en Estados Unidos se ganaba mucho dinero y había buenos trabajos. Y pues mientras más los escuchaba, más ganas tenía de venir a probar suerte a este país, aunque no fuera el mío. Además, se me hizo fácil, a los diecisiete años, tomar la decisión de agarrar camino.

Mi padre estuvo de acuerdo muy rápidamente, pero la que sufrió mucho fue mi madre, pues yo era su primer hijo y estábamos muy unidos. Ella me decía que no tenía ninguna necesidad de ir a sufrir a otro lado, a estar lejos de la familia. Sin embargo, yo ya me había decidido a buscar nuevos horizontes. Hasta el día de hoy me acuerdo del momento en que me despedí de ella. Fue muy doloroso, pero a esa edad todo se le hace muy fácil a uno. Por otra parte, yo le había dicho a mi madre que solo me iría por un año, que no me marcharía para siempre. Y eso se quedó pensando ella. Después, las cosas cambiaron, así que afortunada o desafortunadamente ya llevo acá más de treinta años. ¡Un año se convirtió en tres décadas!

Mi nombre es Juan Antonio y soy oaxaqueño. Nací allá en Tlacolula hace cincuenta y dos años, aunque mucha gente me dice que me veo más joven. Vengo de una familia de gente muy trabajadora. Nunca vivimos con lujos, pero sí tuvimos las ventajas que da una vida de esfuerzo. Somos comerciantes por tradición.

El trabajo bien hecho te permite subsistir, pero también te da tranquilidad, sobre todo si uno hace lo que más le gusta. Mis padres y mis abuelos fueron neveros. Desde hace dos generaciones hacemos las nieves artesanales, de garrafa. Es un oficio muy bonito. Me parece que fueron mis abuelos por parte de mi madre los que comenzaron ese negocio. Al principio escogieron el oficio solo por necesidad. Vivían en una situación muy limitada y tenían que encontrar una manera de ganarse la vida dignamente. Así que un día descubrieron que fabricar y vender nieves les funcionaba y el resto es historia.

Tengo siete hermanos menores que yo. Siempre es un compromiso grande ser el mayor de la familia, pues se carga con la responsabilidad de tomar decisiones que sean acertadas y uno termina siendo un ejemplo para los que siguen. Tuve una infancia feliz, ya que estuve cerca de mi familia, aunque uno siempre sueña con tener sus propias cosas y perseguir sus propios sueños. Estudié la primaria y la secundaria en Tlacolula y ya para la preparatoria me fui a la capital de Oaxaca. Por desgracia no pude terminar esa etapa escolar. La situación económica se complicó para mí y mi familia y tuve que pensar cómo echarle la mano a mi gente. Además, yo ya tenía muchas ganas de progresar y tener mis propios recursos. Nuestros padres hacían un gran esfuerzo por darnos lo esencial, pero no había dinero para nada que no fueran los gastos básicos. Por ejemplo, me moría por tener una bicicleta, pero simplemente no había dinero. Recuerdo haber mirado con cierta envidia a los muchachos que sí tenían una bicicleta, aunque estuviera maltrecha o rechinara. Así que me di cuenta de que iba a tener que trabajar muy duro si quería contar con lo mío.

Yo entré a Estados Unidos por Tijuana. En aquel tiempo resultaba fácil hacerlo. Era solo cuestión de correr mucho y no había tanto riesgo como lo hay ahora. Una vez que estuve en este país quise ir a conocer las grandes ciudades. Y me llevé una impresión muy grande. Cuando estaba en Oaxaca fui algunas veces a la capital del país, pero nada me pudo haber preparado para lo que vi acá en California. ¡Lugares impresionantes como yo no había visto otros! Tuve también suerte, porque encontré trabajo más o menos rápido. Empecé a trabajar en un restaurante con mis primos, esos mismos que me había contado historias de la vida en el otro lado. Comencé como todos: barriendo, lavando trastes, trapeando el piso. Me sentí solo muchas veces. Hay momentos, sobre todo en los primeros años, en los que uno extraña a su gente y sus amigos. Mi tierra me llamaba todo el tiempo. Sin embargo, dejé a un lado ese malestar cuando tuve en mis manos mi primer cheque en dólares. De inmediato me entró una especie de orgullo y calma: sentí que finalmente podía mandarles algo de dinero y apoyar a mis padres. Es imposible exagerar lo hermoso que fue para mí darme cuenta de que podía ayudar a mi gente en Oaxaca. Uno se siente satisfecho de trabajar honradamente y ganarse el pan. Así pasaron dos años, hasta que regresé por unos meses a México. Después volví para acá a fin de seguir construyendo lo mío. Así estuve por diez años. Cada despedida resultaba difícil. La llegada siempre era una fiesta, pero la despedida era puro dolor. A mí se me hacía muy difícil ver sufrir a mi madre, pues cada vez que estaba en México ella no me quería dejar ir.

En una de esas visitas a Oaxaca me casé con mi esposa y después del matrimonio volví a regresar a Estados Unidos, pero ya por menos tiempo. Lo hice con el afán de construir algo allá, una casita, o de poner un negocio. Pensaba que mi tiempo en Estados Unidos ya se había terminado y era hora de volver a mi tierra, a echar raíces en el mismo lugar que había pertenecido a mis abuelos y mis padres. De verdad traté de hacerlo, pero las cosas no salieron como yo quería.

Abrí una pequeña cafetería en Oaxaca con la esperanza de que tuviera éxito y pudiéramos vivir allá tranquilos. Sin embargo, no fue así. La burocracia y la corrupción en México nos hicieron muy difícil la tarea. Me dio mucho coraje encontrar tantas trabas en mi propio país. Cuando el negocito fracasó, le dije a mi señora que teníamos que venir de nuevo para los Estados Unidos. Y así lo hicimos. Todos mis hijos han crecido aquí, plenos y felices.

Hoy me dedico a atender una nevería y juguería que tengo cerca del centro de la ciudad. Se llama «Oaxacalifornia». Traemos lo de Oaxaca a California, un poco parecido a la historia de mi vida. Yo, por mi parte, me siento dividido. Allá tengo mis raíces y no hay vuelta de hoja, después de todo somos mexicanos. Y como me gano la vida ofreciéndole a la gente productos de mi tierra, pues tengo muy presente todo lo que huele y sabe a México. Sería muy difícil hacer lo que hago si no estuviera tan orgulloso del lugar donde nací. Sé que mi mamá se sentiría también muy feliz de ver lo que he logrado. Ella ya falleció hace tres años y no pude ir a despedirme. La verdad es que nunca pensé que eso fuera a sucederme a mí. No me refiero a su muerte, sino a estar lejos cuando mi madre partiera de este mundo. Siempre me imaginé a su lado. Pero, su muerte nos sorprendió a todos. Me consuela pensar que mientras estuvo con nosotros le di todo lo que podía. Ella siempre me llamaba y me decía: «No te preocupes. Cuando pase algo tú quédate tranquilo». Me quería dar valor para enfrentar el momento de su muerte, pero este llegó demasiado pronto, siendo ella aun muy joven, de apenas sesenta y cinco años. Realmente era una mujer todavía muy joven, pero pues así es la vida. Yo sé que desde el cielo me procura y eso me llena de gusto, me da valor y me reconforta. Ella desde allá me bendice y me cuida. Está conmigo, siempre está conmigo.

El rey de Yucatán

«La gente siempre me dice que soy un
loco porque tengo nueve hijos».

Todos los días me vienen a la mente cosas distintas. Por ejemplo, la comida yucateca, que no tiene comparación alguna. En Yucatán se come delicioso, de verdad de un modo incomparable. Es así, en parte, porque la comida yucateca resulta complicada de cocinar. La misma tiene influencia de distintas partes del mundo, de modo que los ingredientes nativos se mezclan con todo lo que trajeron los extranjeros que llegaron a Yucatán hace ya varios siglos. Se trata de una mezcla de pasado, presente y futuro. A mí me gusta pensar que soy exactamente igual: un producto de la tradición, pero también de las ganas de prosperar, de hacer cosas nuevas y mejores.

Me llamo Manuel Balam, pero me dicen Manny. A veces la gente no cree que sea mexicano porque me puse el sobre-nombre de Manny, que suena estadounidense o de alguna otra parte. Pero lo cierto es que soy cien por ciento mexicano. Allí nací y de allí soy: originario de la bella Mérida, en Yucatán, una de las ciudades más bellas de América, un lugar que recuerdo todos los días.

Creo que no pasó mucho tiempo para saber exactamente lo que quería de la vida. Desde muy chico mostré ganas de ser empresario. A los diez años me hice una promesa: iba a tener mis propios negocios para disfrutar de un mejor estilo de vida. Esa siempre fue mi ilusión. Y pues el lugar para conseguir eso no era mi país, tan maltrecho, donde muchas puertas están cerradas para gente como yo. El sitio para alcanzar las metas que me había trazado era *este* país: Estados Unidos. Y eso también lo supe desde siempre. Esta es la tierra donde sueños como el mío pueden cumplirse. Un país que te exige mucho trabajo, disciplina, concentración, pero que también sabe recompensarte. Acá trabajas, y avanzas; trabajas, y avanzas.

Llegué aquí de la manera más bonita, por el alambrado allá en la ciudad de Tijuana, hace ya cuarenta y tres años. Era un adolescente. Me acuerdo muy bien de ese momento. No tenía miedo. Debido a mi edad la verdad es que no sentí temor alguno. Fue más como una emoción muy grande. Un salto y saberme libre para conquistar mis ilusiones. Quería llegar a un país donde pudiera realizar mi sueño, y eso fue exactamente lo que hice. Nada me iba a detener, pues así era yo entonces y así sigo siendo ahora.

El viaje hasta la frontera fue muy largo. Lo hice en autobús a lo largo de todo México. Un tío me compró un boleto en la ciudad de Mérida, me subió al autobús y yo solito vine hasta la frontera. ¡Y solo tenía quince años! Dejé a mi madre en Yucatán y me vine a buscar a mi padre, que trabajaba en los campos cercanos a Fresno, California. Hasta allá lo fui a localizar. Me costó mucho esfuerzo y mucho sudor. Viví momentos de angustia, pensando que me iba a quedar solo en un país que no era el mío. Sin embargo, finalmente lo encontré. Recuerdo muy bien cuando nos vimos otra vez, ese primer abrazo que queda para siempre en la memoria. Fue un momento muy emocionante. Lloramos y reímos, pero también teníamos mucha esperanza de que sería el principio de una nueva ilusión. Así empecé mi camino. Desde el inicio me llené de empuje, de ganas de conquistarlo todo.

Pero, siempre me acompañó una pena. Traía un dolor en el corazón: mi madre. No la volví a ver sino hasta muchos años más tarde. Pasaron décadas, en realidad. Nuestra situación fue la misma que enfrentan muchos inmigrantes. Mi madre seguía allá y yo no podía ir a verla. En total fueron veinticinco largos años antes de poder mirarnos de nuevo a los ojos. Ella se despidió de un niño de quince años y se reencontró con un hombre de cuarenta. Eso fue lo primero que hice cuando conseguí mi visa. Me compré un boleto a Mérida y fui a ver a mi madre. Y si reencontrarme con mi padre había sido emocionante, ver a mi madre lo fue mucho más. Uno como hombre tiene más apego con la mamá. Y más yo, que la había extrañado mucho durante todo ese tiempo. Siempre la llamaba y le escribía para decirle: «En todo momento vives en mi mente y en mi corazón». Todos los días. En las mañanas le dedicaba una oración y comenzaba mi día con ella a mi lado. Algo muy bonito, eso. Con el tiempo logré alcanzar mi sueño de ser empresario. Hoy por hoy tengo un negocio a través de Internet y otro negocio en el que compro y revendo ropa de mujer y zapatos. Y no solo en eso me fue bien.

En Estados Unidos formé una familia. ¡A decir verdad, una familia bien grande! Gracias a Dios, me siento bendecido. La mayoría de la gente siempre me dice que soy un loco por tener nueve hijos. Y siempre me preguntan que si todos los tuve con la misma señora. Yo les digo que no, que fue con tres diferentes. ¿Qué pasa con eso? Pues que tengo un hijo muy grande, ya de cuarenta años. Y luego varios más hasta llegar a mi pequeña que tiene apenas quince. Tengo hijos de todas las edades y en todas las etapas. Y eso es muy hermoso, porque uno aprende de ellos y trata de guiarlos, de acompañarlos. Ser padre es un privilegio, y serlo de nueve muchachos lo es todavía más. Así ha sido mi vida, siempre activa. No hay tiempo para entristecerse. No hay tiempo para decir cosas como «qué día tan malo», «estoy aburrido» o «no tengo nada que hacer». No hay tiempo para nada de eso. El corazón siempre está lleno y siempre activo.

Ya tengo casi sesenta años y puedo afirmar que la clave es darse cuenta de que las cosas no se le van a dar a uno de forma automática. Es uno el que tiene que traer y atraer las cosas. Hay que esforzarse todos los días. Y pues tener tantos hijos cuesta. Hay gente en mi familia que me dice: «Oye, Manny, si trabajas tanto, ¿por qué no eres millonario?». Y yo les contesto que claro que soy millonario, solo que no se ha manifestado en mi bolsillo. No obstante, si miras mi pasado: los hijos, las casas, las familias que he tenido (y perdido) en este país, pues entonces soy multimillonario. ¿Qué si me llevo bien con las madres de mis hijos? Pues yo sí, pero ellas no. Yo me llevo muy bien. Siempre estoy dispuesto a tener una amistad, porque aprendí eso desde chico. Si alguna vez tuvimos dos, tres hijos, ¿cómo voy a decirte que te odio? No, eso no es posible. A menos de que los niños hayan nacido del odio. Y evidentemente no nacieron del odio. Son el resultado de momentos agradables, alegres. Son hijos producto del amor. Por eso nunca podría decir que odio a las madres de mis hijos.

Creo que la gran lección que quisiera dejarles a los nueve es que hay un Dios, un creador allá arriba. Y luego les diría que es muy importante que sean ellos mismos, busquen su talento y lo desarrollen, para que lleguen a ser lo que quieran ser. También deben contribuir a la humanidad. Es necesario conocernos a nosotros mismos para luego darle al prójimo. Y no hablo de religión. Yo les enseño a mis hijos espiritualidad, que no es lo mismo. Eso me ha servido de guía a lo largo de la vida. Es el camino más alto a la hora de vivir en este mundo. Es bonito tener cosas materiales, un auto, una casa, pero al final del día lo que cuenta es el espíritu. Creo que esa manera de ver la vida me ha servido para ser feliz. Ya llegué a un punto en el que me dedico a gozar. A disfrutar a plenitud la vida. Todos los días me siento el rey, como diría Vicente Fernández. ¡El rey!

Sueños de quinceañera

> «*Todo lo que hubiera querido para mí se lo di a ella. Todo absolutamente*».

En la vida se puede aguantar todo menos pasar hambre. Cuando rebasamos ese límite, mi hermana y yo, Minerva Álvarez, empacamos y nos lanzamos a la aventura. Fue algo muy arriesgado, porque no teníamos familia acá. El hecho de no conocer a nadie nos complicó mucho las cosas. Aunque nos teníamos la una a la otra, extrañábamos mucho a mis padres y mis hermanas. Todos éramos muy unidos allá en México. Cuando nos fuimos, la familia entera se quedó un tanto rota por dentro. Y eso lo sentí mucho acá en Estados Unidos. Me hacía falta el resto de mi grupo, de mi equipo. Adaptarnos a esta nueva tierra no fue nada fácil, pero con el tiempo fuimos aprendiendo a descifrar las costumbres de este país.

Nací en la ciudad de la eterna primavera, en Cuernavaca, donde el clima siempre es lindo. Me fui de allá hace ya veintitrés años. Dejé mi país porque la situación era muy difícil. Aunque estaba estudiando, a veces no nos alcanzaba ni para comer. Parece una exageración, pero de verdad era así. Había ocasiones en las que no encontrábamos suficiente ni para poner pan en la mesa. Se trataba de un sufrimiento inaceptable, así que resolvimos buscar una vida mejor aunque fuera lejos del lugar donde crecimos. En un principio las que decidimos hacer el viaje fuimos mi hermana mayor y yo. Resultó doloroso para las dos y para toda la familia, pero no había de otra. Nos dimos cuenta de que trabajábamos y estudiábamos y ni aun así nos alcanzaba para comer.

Al menos a nosotras, los Estados Unidos nos han dado muchas cosas. Puedo decir sin temor a equivocarme que este país es el lugar de las puertas abiertas. Aquí es posible vivir mejor, crecer en un buen lugar, tener una casa bonita. Ahora poseemos nuestro propio negocio y pudimos ir a la escuela. A lo largo de los años que ya llevamos acá hemos gozado de esas oportunidades y muchas más. Este país también nos abrió las puertas para darles una mejor educación a nuestros hijos. Y eso es quizá lo que más le agradezco.

Desde hace un tiempo me dedico a hacer vestidos de novia y quinceañera. Tengo dos tiendas en la zona de Santa Ana. Empecé haciendo eso porque un amigo me dijo que en una tienda de vestidos de novia necesitaban una secretaria. Yo no conocía el negocio para nada, pero como quería encontrar algo nuevo que hacer con mi vida, me animé y fui a ver de qué se trataba.

Logré que me dieran el trabajo de secretaria, pero muy rápido me di cuenta de que lo que quería hacer era más bien diseñar. Me gustaba cómo dibujaban los vestidos y poco a poco se iba formando un sueño que se volvería inolvidable para la chica que lo luciera en su fiesta. Ser parte de esa felicidad me emocionó profundamente y me motivó a estudiar diseño de costura. Aprendí desde el origen mismo el oficio: trazado, corte y confección. ¡Y ahora toda mi familia se dedica a eso!

Lo que más me gusta del trabajo diario es combinar los colores en los vestidos. Cada tono tiene vida propia y un carácter único. La manera en que el diseñador los organiza o los coloca en el vestido puede transformar no solo la prenda, sino a la persona que la lleva. ¡Es casi mágico! Aun así, lo que más me emociona de mi trabajo es cuando una niña de catorce años confía en mí y me dice: «Minerva, quiero que tú me hagas mi vestido de quince años». O que una muchacha desee que yo la arregle el día de su boda. Eso es un triunfo en lo que a mí respecta. Cada niña guarda una historia para mí. Cuando las veo ya con el vestido y contentas me emociono mucho. Otras veces las veo tristes y entonces les pregunto qué le añado, qué le quito, qué le cambio. Y hacemos todo para que ellas queden muy satisfechas. De eso se trata. Hoy en día los vestidos de quinceañera no son tan caros. Sobre todo si se comparan con lo que costaban hace veinte años. ¡Entonces eran carísimos! Ahora el precio es más accesible, aunque debo aceptar que una familia a veces ahorra meses para poder comprar una de mis creaciones. Otra cosa que ha cambiado es la competencia. Antes no había tanta, ahora las boutiques están por todos lados. En este momento cualquier tiendita chiquita está vendiendo vestidos. Pero, hacerlo bien tiene su chiste.

Yo no tuve festejo de quince años. ¡Ni soñarlo! Mi familia tenía muchas limitaciones y no había dinero para hacer fiestas. Eso era como un cuento de hadas, no algo para una niña normal. Ninguna de mis hermanas tuvo ese privilegio. Cuando recuerdo aquello, pienso cuánto me hubiera gustado ponerme un vestido como los que hago, pero en aquel entonces vivíamos en un cerrito donde no pasaba nada. Nada de nada. Ni siquiera teníamos agua, luz o drenaje. ¡Así que cómo iba yo a tener festejo de quince años! Sin embargo, las cosas han cambiado.

Ahora tengo una niña de dieciséis y un hijo de diez. A mi hija Chelsea yo misma le hice su vestido de quinceañera. Y la verdad fue una prenda muy impresionante. Me reflejé en ella. Todo lo que hubiera querido para mí se lo di a ella. Todo absolutamente, hasta ese vestido. Y como ese guardo muchos recuerdos que me ha dejado el oficio. Siempre tengo en la memoria, por ejemplo, a una niña que vino a mí cuando apenas tenía siete años y me dijo que quería que le regalara un vestido de primera comunión. Ella estaba desahuciada, tenía cáncer. A esa niña la llevo siempre en el corazón. En todo estos años que tengo haciendo vestidos, ella es la que ocupa un espacio más grande de mis recuerdos. Se llamaba Esmeralda. Cumplió quince años el trece de noviembre del año pasado y murió este año de cáncer. Su fiesta fue con un vestido mío. Yo se lo diseñé. Yo se lo hice. De hecho, me pidió que fuera su madrina de honor y estuve con ella durante toda la ceremonia. El vestido era color rosa. La recuerdo muy bien, se veía radiante, con ganas de vivir.

Salvado del abismo

«Me casé con una mujer muy, pero muy hermosa. Conocerla me cambió la vida».

Mi nombre es José Moisés León. Nací en la mera tierra de la fresa, en Irapuato, Guanajuato, donde viví y pasé buena parte de mi adolescencia. Allá era muy pobre. No teníamos para comer ni para nada. La nuestra era una vida llena de carencias. Mi papá instalaba los tanques y todo lo necesario para el consumo de gas. Mi madre trabajaba en la casa a fin de cuidar a todos mis hermanos y a mí. Éramos once en total, toda una tropa. Mi padre era buena gente, pero como tantos otros en México se iba tras el alcohol a las cantinas. Como muchos, dejó a la familia a un lado. Casi todos tenemos esa misma historia y es parte de las grandes dificultades de los que venimos de aquella tierra. Mi madre era todo lo contrario, le daba a la gente todo lo que podía y siempre nos cuidó mucho.

De chico estudiaba, pero también salía a buscar algo de comer, ya que muchas veces no había nada en la casa. Me iba con mi primo a vender chicles a los camiones. A veces él cantaba y yo juntaba el dinero. Resultaba muy simpático, porque como cantaba bien feo nos daban dinero para que nos bajáramos y dejáramos a la pobre gente en santa paz. Ahora lo recuerdo y hasta sonrío, pero aquello escondía una desesperación muy grande. Él además iba a las ferias vestido de payasito y de ahí también sacábamos unas monedas. Yo lo acompañaba el día entero. El dinero que ganábamos nos lo gastábamos en dulces. Nos gustaba tener todo eso que no podíamos comprar, porque en casa no nos daban ni un centavo. Cursé hasta el primer año de secundaria y luego la vida me arrastró en su propio cauce.

A Estados Unidos vine persiguiendo a una muchacha en un acto de amor muy ingenuo. Éramos novios desde los diez años de edad. Supuestamente decíamos estar enamorados. La conocí en Michoacán, en el rancho de donde era originario mi padre. Estábamos en la infancia y pensábamos que lo que sentíamos era amor. Y así se lo hicimos saber al mundo. Sin embargo, éramos muy chicos, caray. Me imagino que la intensidad de nuestros sentimientos asustó a sus padres, porque al poco tiempo decidieron traerla a Estados Unidos para alejarla de mí y evitar que estuviéramos juntos. Su papá estaba acá y le dijo que la iba a traer porque no quería que anduviera de novia siendo ella tan chica. A mí me dolió mucho que se la llevaran. Sentí que me habían arrancado una parte de mí y terminé desesperándome. La extrañaba tanto que apenas un mes después decidí seguirla. Así fue como vine a dar a este país. Pero, la vida luego puede ser muy extraña. Lo que parecía amor se transformó en algo muy diferente. En Estados Unidos la vi solo una vez y luego me dejó. Así, como si nada, terminó lo nuestro. Pero pues yo ya estaba acá, así que decidí quedarme. Con el tiempo se casó con otro hombre y cada quien siguió su camino. Nunca más supe de ella, se volvió como un fantasma.

En esos primeros años me dediqué a la jardinería y a ayudar a mi hermano en un negocio de hojalatería de autos que él tenía. Los momentos más difíciles llegaron después. Anduve en las drogas y las pandillas, y eso fue muy duro. Estuve a punto de morir. Era una situación muy peligrosa, porque yo no entendía que la vida se va en cualquier momento. Muchas veces los jóvenes nos vamos a la calle nada más por el gusto sin darnos cuenta de los riesgos que nos esperan. Yo, como tantos otros, caí en eso por falta de amor. Cuando uno no ha recibido caricias ni guía, la calle se vuelve una opción apetecible. Ahí uno encuentra amigos que le tienden la mano, pero todo es una mentira. Eso no es amor. Eso ni siquiera es amistad. Eso es uso, abuso, conveniencia... lo que sea, pero no amor. Por lo tanto, cuando llegué acá, lo único que quería era permanecer en la calle. Estaba muy joven y quería acabar con el mundo o dejar que el mundo acabara conmigo antes.

Así le pasa a la juventud emigrante cuando llega acá. Nos sentimos solos y lo más fácil es andar en malos pasos. Yo vi la muerte de cerca muchas veces. Lo que me despertó fue mi señora. Me casé con una mujer muy, pero muy hermosa.

Conocerla me cambió la vida. Me considero un hombre muy afortunado. Ella es de Zamora, Michoacán, y me ha ayudado mucho al brindarme todo el cariño que no recibí de mis padres, lo cual se debió, según pienso ahora, a que a ellos simplemente no les alcanzaba para dárnoslo. Mis padres creían que nosotros no necesitábamos de su atención y su amor, pero por supuesto que nos hacían falta. Y eso es lo que he encontrado con mi esposa. Ella y yo hemos salido adelante juntos.

En mi experiencia, este país da muchas oportunidades. Sin embargo, hay veces en que no nos damos cuenta y nos vamos por otro lado. En vez de seguir lo bueno, nos vamos tras lo malo. Nosotros mismos nos buscamos los problemas. Si uno viene acá a trabajar, seguro va a conseguir cosas buenas. Eso fue lo que aprendí y apliqué gracias al amor de mi señora. Y cuando uno hace las cosas bien, la vida tiene recompensas. Ahora hasta trajimos a mi padre a vivir para acá. Cuando vio todo en Estados Unidos, decidió que ya no quiere regresar a vivir a México. Lo que pasa es que cuando va para allá se llena de recuerdos. Piensa en mi madre y la visita en el panteón. Se sienta ahí por horas, como si ella fuera a abrazarlo de nuevo, como si uno pudiera burlar a la muerte a fuerza de voluntad. El suyo es un dolor grande. Y esa dolencia del alma lo aflige y lo enferma. Por eso ha preferido mejor quedarse acá, en su nuevo país. Yo lo veo aquí y me da gusto ver sus ojos serenos. Se ha concentrado en vivir y no piensa en la muerte ni en lo que pudo ser. En cuanto a mí, no me arrepiento de ser como fui. Si pudiera volver a vivir lo haría todo igual. Mis malos recuerdos son también buenos recuerdos. La juventud solo se vive una vez y yo aprendí de todo, también de lo malo. Gracias a los problemas es que soy quien soy. Quizá si no supiera acerca de las dificultades de la vida no hubiera luchado tanto por el cariño de mi familia. Y este año voy a cumplir veinticinco años de casado con una mujer hermosa como pocas. Mi mujer.

La añoranza
de la ciudadanía

*«En mi corazón tengo ganas de ser uno más
aquí, de ser un residente más, tener una casa.
Quiero dar el ejemplo como ciudadano».*

A una hora y media de Puerto Vallarta está Mascota, Jalisco. Allí nací yo, Pablo Dávila. De pequeño fui pobre, pero bien feliz. Éramos diez hermanos y todos trabajábamos sembrando maíz a «tapa pie», labrando la tierra nada más con los pies. Luego me tocó también hacer la pizca con petacas. Todo el santo día arreando un saco por el campo, sobre el lomo, sudando para buscarme la vida. La mía fue la última generación en hacer eso. Ya después empezaron a usar máquinas en el campo donde crecí y el ritmo de la cosecha se hizo más veloz. Sin embargo, también se fueron acabando las costumbres de los que desde hacía siglos trabajábamos la tierra. Ni modo, contra eso hay poco que hacer.

Mi padre se llamaba Miguel Dávila. Era agricultor, un hombre pobre, pero muy luchador. Con el paso del tiempo decidió venir a Estados Unidos y pues terminó abandonando a mi madre un poco. No mucho, pero sí se ausentó. Permaneció acá durante siete años. Estuvo de bracero en Texas y luego aquí en California. Trabajó en los campos y en algunos hospitales, buscando cuanta oportunidad se le presentaba. Del 1968 al 1975 nos dejó solos. Al encontrarse sola, mi madre tuvo que hacer de todo para ayudar a sus diez hijos. Era una mujer muy fuerte, muy aventada. Me acuerdo de que vendía tamales y pan para mantenernos. Fueron siete años que pasó sola. Pero, con todo y esa dificultad tan grande, nunca la escuché quejarse. De verdad no sé cómo le hacía para mantener ese espíritu. Ella murió el año pasado y desafortunadamente, por estar esperando los papeles acá en Estados Unidos, no pude ir, no me fue posible estar a su lado. Otro hermano y yo no pudimos viajar. Sí me dolió, la verdad. Pero así es la vida, uno juega las cartas que le han puesto enfrente y no tiene caso lamentarse. La mejor lección que me dio mi madre fue que, a pesar de estar enferma de diabetes y hacerse diálisis tres días a la semana, siempre fue una señora con mucha fortaleza. Aunque iba de hospital en hospital no se dio por vencida ni un instante. Y eso se lo admiraré por siempre. Él día que se fue nos dio la bendición y nos dijo que rezáramos mucho el rosario. Fue una mujer de verdad muy fuerte.

Mi vida en Estados Unidos ha estado llena de altibajos. Cuando recién vine me estaba yendo bien, pero luego llegó la crisis y todo se puso más difícil. En estos años me he mantenido llevando a cabo tareas de mantenimiento y otras cosas. Trabajé con un norteamericano haciendo remodelaciones, mejoras a las casas, pintando. Un poco de todo. Y eso me ayudó, porque tengo experiencia. Sin embargo, siento que todavía estoy en las sombras.

Es muy duro vivir sin papeles en este país. Y más ahorita que todo está detenido. Pero, aunque las cosas a veces se pongan difíciles, prefiero vivir acá. ¡Mil veces lo prefiero! Sea lo que sea, aquí he trabajado. Este país me ha dado de comer y me ha regalado a mis dos hijas. Me ha brindado todo. A este país lo quiero, por eso deseo hacerme residente. En mi corazón tengo ganas de ser uno más aquí, de ser un residente más, tener una casa. Quiero dar el ejemplo como ciudadano. Portarme bien para que otros vean que sí se puede. Acá me casé y ya tengo dos niñas que son ciudadanas. Son muy lindas las dos. Ellas están estudiando en Pomona, donde vivimos. Ya saben inglés y yo les hablo puro español en la casa. Deseo que aprendan a hablar dos idiomas, porque un día me las quiero llevar un tiempo a México. No mucho tiempo, pero uno o dos años. Quiero llevarlas a mi pueblo. Enseñarles el lugar donde nací y crecimos junto a mi mamá. Enseñarles dónde sembrábamos, el río y los cerros a los que íbamos, los cuales son tan bonitos. En mi pueblo, además, hay charreadas. Es un lugar chiquito, pero tiene su rodeo. Todo es muy lindo allá.

Mi esposa es del mismo pueblo que yo. La vi por primera vez allá en Mascota. Nos conocimos en la preparatoria. Ella iba un grado por debajo de mí. Aun así, lo nuestro no fue fácil. Tres veces nos alejamos. Yo vine a Estados Unidos la primera vez y le dije: «Si te encuentras a un muchacho, cásate». Y luego regresé, vi que no se había encontrado a nadie y otra vez fue mi novia. Y cuando me vine de vuelta para acá, volví a decirle: «Si te encuentras a un muchacho, cásate». Sin embargo, nunca halló a nadie más. Su corazón era solo para mí, como el mío para ella. Ya en el año 2005, cuando vino acá de vacaciones unos días, le pedí matrimonio. ¡No la iba a dejar escapar! Gracias a Dios aceptó.

Ahí mismo se regresó a Puerto Vallarta, renunció a su trabajo y nos casamos. Tuve mucha suerte, pues es una buena muchacha la que me tocó. Ojalá pronto podamos arreglar los papeles juntos ella y yo. Creo que pronto vamos a poder hacerlo, tengo esa esperanza. Esto aquí es un sufrimiento para todos nosotros los inmigrantes. Solamente nosotros entendemos la situación a fondo. Quisiéramos salir de las sombras, y aunque todo se mueve muy despacio, sigo confiando en Dios. Dios quiera que el presidente nos escuche. Toda mi raza está esperando. Estamos en este país porque lo queremos, porque nos ha dado de comer, porque nos ha dado la vida.

En tren

....

«La sensación de irme a dormir en un lugar,
arrullarme con el tren, y despertar luego
en un sitio completamente distinto».

Crecí en un barrio de Guadalajara que se llama Colonia del Sur, pegado al mercado de abastos, que es un lugar enorme. Y fue justo ahí donde nos criamos mis siete hermanos y yo, Carlos González. Todo resultaba muy bonito y divertido. Los pasillos del mercado nos enseñaron lo que es la vida. Esa fue nuestra verdadera escuela. Me acuerdo de que todos los días nos íbamos a recoger la fruta y la verdura que se caía de los camiones. Hacíamos muchas travesuras. Se trató de una niñez con mucha vagancia. Supuestamente teníamos la encomienda de buscar la fruta que no servía, pero acabábamos agarrando pura fruta buena. Y lo hacíamos muertos de risa, todo el tiempo corriendo para que no nos agarraran. Mi mamá usaba lo que se podía de la fruta que llevábamos y el resto era para nosotros. A mis amigos y a mí nos gustaba picar la fruta y disfrutarla entre varios. Nos la pasábamos muy bien, porque éramos libres, casi como chamacos salvajes.

Mi padre trabajaba en los ferrocarriles, específicamente en el del Pacífico. Entró muy joven y estuvo en el departamento de vías. Se encargaba de arreglarlas y mantenerlas en buen estado para el paso de la locomotora. Hay una cosa entre lo mucho que recuerdo de mi infancia, y es que antes de llegar a residir a Guadalajara mi padre nos llevó a vivir varios años a un vagón de ferrocarril acondicionado para nosotros, con piso y techo de madera, y una estufa. No había lujos, pero estábamos todos juntos y eso nos daba alegría. Lo que más se me ha quedado grabado de aquella época es la sensación de irme a dormir en un lugar, arrullarme con el tren, y despertar luego en un sitio completamente distinto. Esto sucedía porque el tren se movía durante la noche y nos llevaba a un nuevo destino, así que había algo mágico en esa libertad y en la sorpresa de descubrir cada mañana prácticamente un lugar diferente. Mis recuerdos están llenos de momentos como ese, y hasta el día de hoy siento nostalgia cuando escucho el sonido del tren. Y no solo debido a esos primeros años que viví en el vagón, sino porque también gracias al apoyo de mi padre yo mismo trabajé durante trece años en los ferrocarriles. Sin embargo, mucho antes de eso, por el tiempo en que entré a la primaria, mi padre echó raíces en Guadalajara para que pudiéramos estudiar.

De hecho, gracias al tren pude llegar a Estados Unidos. Mi hermano y yo no vinimos por necesidad, sino creo que un poco más lo hicimos por aventura, pues siempre hemos tenido un espíritu deseoso de descubrimientos, correrías e independencia, lo cual forma parte de nuestra experiencia de vida. Mi hermano el mayor ya trabajaba en los ferrocarriles y yo había comenzado a incorporarme, aunque empecé solo como trabajador eventual. Así que cuando él decidió venir, yo me le pegué y nos encaminamos al norte. La verdad fue más como una aventura, porque mi hermano estaba bien establecido y yo también iba rumbo a una situación así. No teníamos mucha necesidad o urgencia de venir a Estados Unidos, pero habíamos escuchado tanto acerca de cómo era este país, que nos ganó la curiosidad. Y como además no pagábamos por el pasaje del tren, pues se nos hizo fácil.

El ferrocarril nos dejó en Mexicali y de ahí nos fuimos en camión a Tijuana. Allí, el amigo que iba a ir por nosotros nos avisó que la situación estaba muy dura, y que no iba a poder recogernos. Nos quedamos atorados en Tijuana. Era alrededor de 1987. Tuvimos que decidir entre dar marcha atrás o seguir empujando para llegar al destino, y pues lo nuestro no es rajarnos, nunca lo ha sido. De modo que como el amigo no pudo ir por nosotros, le hablamos a una tía que teníamos acá en Los Ángeles y ella nos apoyó, nos dio instrucciones de buscar un buen coyote y nos aseguró que se encargaría de todo. Y así fue, porque ella acabó pagando el paquete entero de gastos. Además, el coyote resultó tan bueno que hasta nos hizo posible una experiencia que nunca habíamos tenido: entramos por Tijuana y ya en San Diego nos subió a un avión en un vuelo comercial y nos trajo hasta Los Ángeles. Toda la gente iba muy limpiecita y nosotros, que acabábamos de cruzar la frontera, estábamos todos sucios. Él nos dijo que lo siguiéramos, y eso hicimos. No preguntamos nada, solo le hicimos caso y caminamos hacia el avión. Nos subimos entre asustados y asombrados, viviendo una nueva aventura juntos. Aterrizamos en Los Ángeles y de ahí nos llevaron a un lugar al que llegó mi tía a recogernos. Ella fue muy buena persona. Hasta la fecha me sorprende lo generosa que se portó con nosotros.

Al llegar, la ciudad me impresionó mucho. Aunque mi tía nos dio la opción de quedarnos con ella y estudiar, mi hermano y yo traíamos en la mente trabajar. A los pocos días nos trasladamos a Sylmar con un grupo de amigos que nos consiguieron empleo. Una semana después de entrar a Estados Unidos ya estaba trabajando. Lo que nunca pensé hacer allá lo vine a hacer acá: nos dedicábamos a fabricar macetas de barro. Aprendí un oficio nuevo, cosa que siempre se agradece. El caso es que duré en Estados Unidos tres años y luego tuve que regresar a México, pues mi papá me avisó que ya no podía ayudarme a cuidar mi plaza en los ferrocarriles y tenía que volver. ¡Estuve tres años fuera y de todas formas el sindicato me cuidó mi trabajo! Así son las cosas allá en México, ¿verdad? De vuelta a Guadalajara agarré un trabajo de planta y empecé a viajar de esa ciudad a Nogales en el tren. Y creo que ahí me hubiera quedado de no ser porque el gobierno de México privatizó los ferrocarriles y nos liquidaron. Fue entonces que decidí regresar a Estados Unidos. Vine con toda mi familia: mi mujer y mis tres hijos. Ahora ya tengo cinco hijos en total. Vivo feliz y agradecido aquí. Todo lo poco o mucho que tengo me lo ha dado este país. Estoy satisfecho de ver crecer a mis hijos en un ambiente diferente, un lugar mejor. Los he visto progresar, ir a la escuela y ahora a la universidad. Dos de mis hijos están ahora en Berkeley, consiguiendo una vida mejor a la que tuvimos nosotros. Y por eso no mido el éxito por medio del dinero con el que cuento, sino a través de las satisfacciones que hemos tenido aquí. Midiéndolo de esa manera, soy un hombre rico. Sin duda soy un hombre rico.

La cubeta
de cangrejos

«A veces entre los hispanos hay gente que
no quiere que los otros progresen».

Viví en México hasta los catorce años y luego vine
para Estados Unidos. Mis razones son las mismas que ha tenido la mayoría desde hace muchos años. Tuve una infancia de
verdad muy triste y sentí la urgencia de escapar a como diera
lugar.

Me llamo Gilberto Sánchez y nací en San Martín de Sula,
Jalisco, un lugar que queda cerca de Ocotlán y el Lago de Chapala. Somos ocho de familia: cinco mujeres y tres hombres. Yo
fui el primero de los varones. Mis padres trabajaron toda la vida
como agricultores y nunca conocieron otra cosa que no fuera
la vida del campo. En aquella época éramos completamente
pobres y eso marcó mi infancia. Uno no sabe lo que es vivir en

la miseria y el hambre hasta que de verdad atraviesa por algo así. Y es algo en realidad desesperante. Recuerdo haber sentido una angustia muy pesada, muy difícil de sobrellevar. Era como vivir el día entero en un laberinto sin salida, esa es la mejor manera de describir aquellos años de carencias.

Por eso mismo fue que decidimos venir para acá y empezar a trabajar a fin de progresar. Mi hermana mayor viajó primero y ya después la alcancé yo. Ella siempre fue muy valiente. Desde chica decidió que quería ayudar a la familia y así lo hizo. Cuando vi que se fue no aguanté mucho y también quise hacer lo mismo. Mi hermana nos dio el ejemplo y nos marcó el camino. Hasta el día de hoy le estoy agradecido, así como también les agradezco a todas las personas que me han ayudado. Y no solo a ellos, pues hay que saber ser agradecido con la gente que nos negó el apoyo, ya que esas personas me dejaron lecciones que también resultaron muy útiles.

Hoy en día vivimos en Estados Unidos mis tres hermanas y yo. Mis otros hermanos varones se quedaron con mis padres. Yo pasé mucho tiempo sin ver a mis papás y eso resultó muy difícil. ¡A veces llegué a sentir casi como si estuviéramos viviendo en planetas distintos! Sin embargo, la vida terminó siendo justa y ahora les acaban de dar su visa. Gracias a eso lograron venir para acá por primera vez. Sobre todo para mi padre fue una ocasión muy importante. Él siempre decía que nunca se le iba a hacer realidad conocer Estados Unidos. Nos aseguraba que era una meta demasiado alta para un campesino como él. Lo veía como algo imposible, casi como viajar a la luna. Sin embargo, nunca hay que perder la fe, y gracias a Dios le dieron la visa y pudo venir a visitarnos. Verlo con sus nietas y sus hijos en este país me llenó el corazón. Estaba feliz y realizado, como si contemplara una recompensa que había tardado toda una vida en llegar. Traía en los ojos una alegría que nunca antes le había visto. Y también se sintió sorprendido de lo que es este país. Se pasaron acá tres meses y medio. Cuando finalmente se fueron, otra vez me quedé con el ánimo apachurrado. Lo mismo les sucedió a mis hijas. Les dolió mucho ver alejarse a sus abuelos de nuevo. Y es que a veces la familia hace mucha falta. Pero, aun así hay que seguir en la batalla. Eso fue lo que aprendí desde que vine a vivir para acá.

Al principio mi situación era muy, pero muy complicada. La vida se me hizo muy dura. Entre las costumbres y los ritmos, me resultó muy arduo el esfuerzo que tuve que hacer para permanecer aquí. Pero el tiempo fue sabio y creo que nosotros también aprendimos a ser pacientes. Al final, gracias a Dios, nos fue bien. Estoy agradecido con la vida y este país. Al pasar los años caí en la cuenta de que, en el fondo, todo es muy simple acá. Este país da muchas cosas. Mis hijas, por ejemplo, tienen una educación. ¡Y además con buenas calificaciones! Ellas son mi mayor orgullo. Me siento feliz de que Dios me esté permitiendo verlas crecer y darles un buen ejemplo. Me refiero al ejemplo más importante, que es el del trabajo.

Yo lo veo así: en este país hay dinero si uno se sabe organizar. Lo que hay que aprender rápido es que resulta muy duro ganar el dinero y muy fácil gastarlo. Los hispanos no nos fijamos en eso. Queremos vivir al día y eso no se puede hacer. Simplemente no debe ser así. Les digo a todos mis amigos que en vez de lamentarse mejor hacen poniendo de su parte. Todos podemos progresar. Hay que mirar para adelante, nunca para atrás. Hay que aprender a cuidar lo que ganamos semana a semana. Debemos ser más inteligentes. A veces entre los hispanos hay gente que no quiere que los otros progresen, como en aquella historia de la cubeta de cangrejos. Nos hace falta ser mucho más unidos, no andarse jodiendo por un lado y por otro. Los hispanos nos jalamos hacia abajo. No queremos que alguien crezca y eso está muy mal. No se vale ser así.

Esperando
a mi madre

«Cuando vea a mi mamá de nuevo, le
voy a preguntar solo una cosa».

Mi nombre es Manuel Becerra y nací hace ochenta y cuatro años en un rancho que ni siquiera está registrado, allá en el municipio Amatlán de Cañas, en Rosario, Nayarit. Viví casi todo el siglo pasado.

Mi familia era grande. Mi papá tenía seis hermanos y todos vivían en el mismo pueblo chiquito donde crecí. Toda la población se conocía entre sí. Mi padre trabajaba como agricultor y mi mamá era ama de casa, pero ella se murió cuando yo apenas tenía once años. El cáncer se la llevó muy joven. Mi padre se volvió a casar ese mismo año y fue una época muy triste para mí, pues no aceptaba que otra mujer ocupara el lugar de mi madre. Eso me dolía en lo más profundo, y me costó mucho tiempo de llanto. Con mi corazón de niño decidí que no le iba a dirigir la palabra a la nueva mujer de mi padre. ¡Y por años no le hablé! No era culpa de mi madrastra, que resultó una mujer buena. La culpa era de mi dolor, que me impedía ser generoso con ella. La herida se abrió todavía más cuando, a pesar de mis reclamos, mi padre empezó a tener más hijos y nos reemplazó a mí y a mis hermanos. Así ocurrió durante años y así es hasta la fecha. Por ejemplo, la casa que nos dejó mi madre la tienen ahora mis medios hermanos. Arrastré esa pena por mucho tiempo, quizá hasta los dieciocho años de edad, cuando me marché al servicio militar y finalmente pude salir del lugar donde crecí.

Estuve en el ejército un año y luego me fui a Baja California. Allí me dediqué a muchas cosas, aceptando casi cualquier trabajo con tal de ganar unos pesos. Después me fui a San Diego y comencé a laborar en lo mío, que siempre ha sido el campo.

Mi padre nos enseñó desde muy chicos a mi hermano y a mí a trabajar como campesinos. Y con los años nos dejó solos arando la tierra. Él era agricultor, pero lo que le gustaba realmente era mandar. Y como ese oficio nunca se olvida, a eso me dediqué cuando llegué a Estados Unidos. En aquel tiempo resultaba muy fácil venir de allá para acá. Todos los días me iba caminando al trabajo y regresaba en el camión a Tijuana, como si fuera un solo país. Ahora las cosas han cambiado tanto que no puedo ni creerlo.

Pasaron solo algunos días para que me hiciera de algunos amigos que me llevaron a El Cajón en California. Allí me quedé por un rato. Habré tenido veintidós años en ese entonces. Mi vida cambió por 1954, cuando me agarró la migra. El oficial encargado me enseñó un periódico y me preguntó si sabía leer. Cuando le dije que más o menos me ayudó a entender lo que estaba escrito: «Mañana se abren contrataciones en Mexicali», decía. Me aconsejó que fuera a contratarme para que nunca más tuviera problemas. Y eso fue lo que hice.

Gracias a la ayuda y el apoyo de ese oficial de inmigración pude regularizarme como trabajador en Estados Unidos. Él fue solo una de las muchas personas buenas y finas con las que he tenido la suerte de cruzarme acá. Gracias a esos papeles me llevaron a Salinas, California, y allá estuve seis meses trabajando en la lechuga. Éramos un grupo de profesionales lechugueros muy, pero muy duchos en lo nuestro. La cosecha de la lechuga es pesada, muy dolorosa para la espalda sobre todo. No cualquiera puede hacerlo. A nosotros nos ayudó que tuvimos la suerte de contar con buenos capataces, que eran en todo momento generosos con los trabajadores. Siempre he pensado que según el trato que uno les da a las personas es como ellas lo van a tratar de vuelta a uno. Y yo siempre fui respetuoso con todos. A mi capataz le decían «el Chato». Y así él se acostumbró a que lo llamaran solo por el apodo. Me acuerdo que era de Durango. Un día llegué a verlo y le pregunté: «Oiga, ¿cómo se llama usted?». «Chato», me respondió muy firme. Entonces yo le indiqué que no, que yo quería saber su verdadero nombre. «Me llamo Macedonio Amaya», me dijo. Macedonio y yo nos hicimos buenos amigos ese día. Trabajamos muchos años juntos, él como capataz y yo en el campo. Estuvimos juntos hasta que se acabaron los braceros.

Éramos un grupo de treinta y dos expertos lechugueros que íbamos de acá para allá.

Durante todo ese tiempo le mandaba dinero a mi padre. Cada vez que juntaba cien dólares se los enviaba a México. Solo ganaba cincuenta centavos por hora, pero poco a poco reunía dinero para apoyar a mi papá y mi familia, que apenas comenzaba a formarse.

Me casé en 1959 en Mexicali con una mujer de la Ciudad de México. Tuvimos siete hijos, cuatro hombres y tres mujeres. Hoy por hoy no sé bien dónde están mis hijos. Tengo uno viviendo en la casa conmigo y una hija en Tijuana, pero de los demás no sé. Sin embargo, esto no es por nada malo. Simplemente ellos hicieron su vida y yo siempre los respeté. Me da gusto que sean libres y estén bien. Yo no le pedí permiso a mi padre para emprender mi rumbo, y mis hijos tampoco me lo pidieron a mí. Así debe ser. Desde que murió mi esposa no los veo, hace como cuatro años.

Mi mujer era una linda y buena persona. Me enseñó a cuidar el dinero, porque yo siempre fui un hombre al que no le alcanzaba el cheque. Gracias a ella pude hacerme de una casa en Los Ángeles. Vivimos aquí alrededor de treinta años. La ciudad de Los Ángeles ha cambiado mucho y para bien, por lo menos en el lugar donde compré. Hace años ese sitio era muy difícil. Había muchas pandillas y mucha violencia. ¡A mí me balacearon mi casa un día! Los muchachos pasaban corriendo y disparando. Era una locura. Ahora ya está más tranquilo y vivo muy a gusto.

Los Estados Unidos han sido un buen país conmigo. Los quiero mucho. Me hice ciudadano porque aquí me he

mantenido desde muy joven. Les tengo un profundo agradecimiento al país y su gente. Dios puso en mi camino personas
que me ayudaron. Por ejemplo, nunca aprendí inglés, pero de
una u otra manera siempre me topé con gente que me traducía.

También cuando pienso en México siento cariño, porque
pues allá nací. Participé en la jura de la bandera en el ejército
mexicano un 24 de febrero y eso no se olvida nunca. Allí me
hice hombre y sentí el corazón grande por servirle a México. Me enseñaron a tener disciplina, me ayudaron a convertir-
me en persona. En Estados Unidos la gente no me entendía.
Durante años, al llegar a Tijuana, sentía que se me quitaba un
peso de encima, porque ya estaba de vuelta en mi tierra.

Hoy, a mi edad, lo que me queda es pensar en mis padres.
Y para ser sincero, ya los quiero volver a ver. Estoy preparado
desde hace tiempo. Hice las paces con todos, hasta con mi
madrastra, a la que terminé queriendo tanto como ella a mí.
Por eso ahora solo me queda ver a mis padres otra vez. Y algo
sí sé: cuando vea a mi mamá de nuevo, le voy a preguntar solo
una cosa. Le voy a preguntar por qué se tardó tanto en venir
por mí.

Agradecimientos

El periodismo es un ejercicio de complicidad y solidaridad. Por eso, antes que todo, agradezco el apoyo de mis compañeros de Univisión, que me acompañaron en cada esquina que visitó nuestra mesa. Gracias, pues, a mis amigos Ulises Reyna, Francisco Vázquez, Raúl Gutiérrez y Andrés Bonilla por escuchar junto conmigo estas historias en las calles del sur de California. Gracias a mi grandísima amiga Felicidad Aveleyra, por dejarse conmover por todas las voces de la mesa. Gracias a Marco Flores y Mahelda Rodríguez por creer en el proyecto. Gracias también a Luis Patiño y Alberto Mier y Terán. Muchas gracias a Isaac Lee y Daniel Coronell, Bob Llamas y Fabrizo Alcobe, sin cuyo apoyo y amistad nada de esto hubiera ocurrido. En otro orden de ideas, gracias a Abel Lezcano, Eric

Rovner y Mel Berger, por darme aliento y apoyo cuando más lo necesitaba. Gracias a Larry Downs, Graciela Lelli, Mariela Siliezar y todo el gran equipo de mi casa HarperCollins. ¡Que este libro sea el primero de muchos! Gracias también a mi admirado y querido Jorge Ramos por ser amigo y ejemplo. Gracias a mis padres por leer el libro y criticarlo (lo segundo más importante que lo primero). Gracias a Juan José Reyes y Fernando García Ramírez por hacer lo propio con ojos sabios. Gracias a mi familia: mi amada esposa Erika y mis tres hijazos, Mateo, Alejandro y Santiago. ¡Que Dios nos regale muchos años de risas y amor!

Y gracias, claro está, a cada una de las personas que aceptaron la invitación para sentarse a la mesa conmigo, abriéndome su alma y su corazón, bajo los cielos azules del sur de California. Inolvidables todos.

AUG 2016